通关宝®系列 | 注册会计师考试

CPA会计必背·基础39题

打牢会计基础，内容涵盖了历年会计常考和必考的知识点，并且在题目的设计上有针对性地总结了一些基本做题规律（又称“做题套路”）。强调会计分录的准确表述，会计基本原理的娴熟运用。

CPA会计必背·进阶40题

深挖考试要点和考题常用“陷阱”，在基本原理和基本题的基础上进行“拔高”，破解了出题常用的“套路”，强调启发式和会计原理的灵活运用，提高考生的应试技巧。

CPA会计必背·押题41题

在系统剖析历年真题的基础上，探索出题思路，预测考试重点，通过“猜题”和“押题”，预测考题“真实”场景，以提升考生的临场实战能力，帮助考生顺利通过考试。

快

抓要点——2分钟找到切入点

将所有对应章节知识点串联成一条线，只要提起线头（即知识点），所有重点、难点、要点立刻一清二楚，2分钟就可以找到切入点，理清思路。

巧

套模型——4分钟做出各种步骤

解题模型与经典题就像万能钥匙，只要套用符合该题特征的模型，就能解答同一类型的任何题目，化难为易，减少步骤。

准

出结果——5分钟解出准确答案

按照经典题的解题模式，准确计算，不仅可以减少计算环节，还可以提高解题正确率，5分钟就能快速得出正解。

金程会计系列丛书

注册会计师考试·通关宝®系列

注册会计师考试应试宝典 · 考试详解
注册会计师考试知识图谱（图 · 文）
注册会计师考试必背（基础39题 · 进阶40题 · 押题41题）
注册会计师考试真题详解（2012-2019）
注册会计师考试模拟试卷（三套）

初级会计职称考试·通关宝®系列

初级会计职称考试应试宝典 · 考试详解
初级会计职称考试思维导图
初级会计职称考试必背29题
初级会计职称考试真题详解
初级会计职称考试模拟试卷

中级会计职称考试·通关宝®系列

中级会计职称考试应试宝典 · 考试详解
中级会计职称考试思维导图
中级会计职称考试必背39题
中级会计职称考试真题详解
中级会计职称考试模拟试卷

会计专题·通关宝®系列

长期股权投资通解
新租赁准则解读（2018）
性感的会计——会计快速突破法

金程会计·精选课程

推荐指数	精选班型	学习阶段	课程特色
★★★★	CPA零基础前导课	前导	帮助您迅速搭建CPA考试知识框架，理清由点到线、由线到面的知识结构，形成CPA“知识树”
★★★★★	CPA速成通关计划	前导+习题+冲刺	过教材、看视频、做练习。全面练习各个知识点对应的基础必背题和进阶必背题
★★★★	CPA周末面授班	前导+基础+强化+冲刺+押题	全面覆盖所有知识要点，搭建系统知识体系框架。紧扣考纲要求，考点全面解析。根据课程进度系统性学习，打下扎实的专业基础
★★★★★	CPA Re智能通关计划	前导+基础+强化+冲刺+押题	智能通关将学习素材与人工智能完美结合；金程会计研究院呕心沥血，倾情打造；小班制管理，班主任督学，助教在线答疑，助力学员通关CPA考试
★★★★	CPA至尊VIP协议班	前导+基础+强化+冲刺+押题	1对1至尊VIP服务；私人专属定制学习计划；高效及时在线答疑；学管讲师全程陪伴督学
★★★★	CPA暑期集训班	基础+强化+冲刺	知识点强化精讲、精准覆盖，通过2个月的全日制半封闭学习，帮助学员迅速掌握系统的知识体系框架，快速通过考试
★★★	CPA国庆密训营	押题	七天高效复习，考题预测，直击考点，小班授课，精准教学

图书在版编目(CIP)数据

CPA会计必背·押题41题/汤震宇,韦美娟编著.－上海:上海财经大学出版社,2019.12
(通关宝®系列)
ISBN 978-7-5642-3416-4/F·3416

Ⅰ.①C… Ⅱ.①汤…②韦… Ⅲ.①注册会计师-资格考试-习题集
Ⅳ.①F233-44

中国版本图书馆CIP数据核字(2019)第255449号

□ 责任编辑 徐 超
□ 封面设计 宋 宇
□ 责任校对 姚 玮

CPA会计必背·押题41题

汤震宇 韦美娟 编著
金程会计研究院 组编

上海财经大学出版社出版发行
(上海市中山北一路369号 邮编200083)
网 址:http://www.sufep.com
电子邮箱:webmaster@sufep.com
全国新华书店经销
上海叶大印务发展有限公司印刷装订
2019年12月第1版 2019年12月第1次印刷

787mm×1092mm 1/16 11印张(插页:2) 232千字
定价:50.00元

前　言

做有效的题，有效地做题

CPA 的备考可以说是一场艰难的旅途，会计科目作为 CPA 考试中最难的科目之一，更是让很多考生望而却步。作为会计培训师，在讲课过程中我们尽可能把知识点讲得简单易懂，帮助考生在脑海里建立知识框架体系；但是，在实践中，有很多学员反馈，知识点太多，框架结构复杂，很多内容只能通过“囫囵吞枣”式的“强记忆”。临考时，面对考题，很多考生提笔忘原理，下笔忘科目，究其根本原因，对于一些基本的会计科目和基本原理训练得太少，越是简单的问题，越是缺少训练，不能做到熟能生巧。

会计基本功的训练，特别是自己动手来写分录，“真正”地做题目，成为很多考生有效训练的重要方法。面对海量的题目，质量参差不齐的题目，如何做有效的题？如何有效地做题呢？自 2017 年起，我们推出了 CPA 会计必背系列，其目标就是通过“有效的题”，帮助考生“有效地做题”。

必背系列包括【基础 39 题】、【进阶 40 题】和【押题 41 题】三个部分。顾名思义，每本辅导资料都有其特定的目标，而且逐层推进。其中，【基础 39 题】主要是打牢会计基础，强调会计分录的准确表述，会计基本原理的娴熟运用，强调“精准”和“快速”的基础；【进阶 40 题】专注于深挖考点，在基本原理和基本题的基础上进行“拔高”，强调启发式和会计原理的灵活运用；【押题 41 题】目标在于“猜题”和“押题”，在系统剖析历年真题的基础上，探索出题思路，预测考点，预测考题“真实”场景，以提升考生的临场实战能力，帮助考生顺利通过考试。

【押题 41 题】是以通过考试为目标，并以考试的常考点、重点和难点作为本书的主要内容，其特点主要概括如下：

第一，突出重点。从考试的规律来看，职工薪酬、收入、所得税、金融工具、长期股权投资和合并报表等作为经常考查的要点。根据最新的收入准则，我们基本上覆盖了所有与收入相关的问题，如可变对价的分摊、融资成分、售后代管、委托代销、售后回购等。对于所得税，在本书中全面概括了与所得税相关的几乎所有问题，如固定资产、“三新”无形资产、投资性房地产、长期股权投资、其他债权投资、其他权益工具投资、股份支付、国债利息、税率变化等相关的所得税的处理。

第二，解析难点。在会计考试中，一些重要的细节知识点可能会影响到综合性大题的正确解析，比如，因增加投资从权益法转成本法，原权益法下存在着公司间内部交易未实现部分并且要考虑所得税，这形成了这个问题解决的“硬核”；再比如，因处置投资从成本法转权益法，如果初始投资时存在着公允价值调整、转换时存在着公司间内部交易未实现损益部分，合并报表的调整就成为这个问题的难点；另外，合并中的或有对价、预计负债，其他权益工具投资中的递延所得税，投资性房地产由公允价值后续计量转为成本法计量的差错更正等，都是考试中常见的难点问题。所以，在本书中，我们尽可能将金融工具、长期股权投资和合并报表中的难点问题进行了汇总解决。

第三，模拟出题“套路”。从某种程度上来说，考试实际是出题人和考生之间的“智力游戏”。通过 CPA 会计考试真题的研究，我们发现会计出题有一些常用的“套路”，我们提出了破解此“套路”的“套路”。比如，在做合并报表相关问题时，要考虑“三双”，即双税（增值税和所得税）、双流（顺流和逆流）和双漂（即固定资产折旧和无形资产摊销的开始点）；在母公司长期股权投资与子公司权益进行抵销时，采用“五步法”；在处理建造合同收入问题时，要用标准的“四步法”。

本书能够帮助你做有效的题，所有的题目经反复校验，所有的会计科目、会计原理、“三新”无形资产加计扣除、增值税税率等与最新准则保持一致。另外，每题都设有专属二维码配套高清视频讲解，给考生的高效学习提供了另一种快速有效的选择。

最后，我还要感谢我们可爱的会计研究员，他们青春、美丽而充满智慧，最为重要的是有坚忍不拔的学术精神，能够在金程严苛的学术环境下留下来，并不断成长；要感谢本书的合作者韦美娟，她学术功底扎实又吃苦耐劳，她付出很多时间与我一起讨论和设计书中的题例，并对书中的每一个问题认真研究；我要感谢金程教育所有的兄弟姐妹们，他们在管理上的付出为我赢得了更多时间用于思考和写作。

谢谢所有的人——所有爱我们的人和我们爱的人！

汤震宇　博士

金程教育首席培训师

2004 年通过 CFA 三级

CFRM FRM CTP CAIA CMA RFP 经济师

目　录

第 01 题（编号:CPA－KJ－YT41－1）

存货跌价准备

1.1　存货跌价准备的确认和计量(编号:CPA－KJ－YT41－1－1)

甲公司 2×17 年、2×18 年发生的有关交易或事项如下：

(1)2×17 年 10 月 20 日，甲公司与乙公司签订不可撤销的销售合同，拟于 2×18 年 4 月 10 日以 40 万元的价格向乙公司销售 W 产品一件。该产品主要由甲公司库存自制半成品 S 加工而成，每件半成品 S 可加工成 W 产品一件。2×17 年 12 月 31 日，甲公司库存 1 件自制半成品 S，成本为 37 万元，预计加工成 W 产品尚需发生加工费用 10 万元。当日，自制半成品 S 的市场销售价格为每件 33 万元，W 产品的市场销售价格为每件 36 万元。假定 2×17 年之前未对自制半成品 S 计提存货跌价准备。

(2)2×17 年 12 月 31 日库存配件 100 套，每套配件的账面成本为 12 万元，市场价格为 10 万元。该批配件可用于加工 100 件 A 产品，将每套配件加工成 A 产品尚需投入 17 万元。A 产品 2×17 年 12 月 31 日的市场价格为每件 28.7 万元，估计销售过程中每件将发生销售费用及相关税费 1.2 万元。2×18 年 12 月 31 日，库存配件 50 套，A 产品的市场价格为每件 29.2 万元，其他条件不变。假定 2×17 年之前未对该批配件计提存货跌价准备，2×18 年未入库新配件。

(3)2×17 年 12 月 31 日，库存 A 材料 20 吨，每吨 10 万元，用于加工 B 产品，能生产 10 件 B 产品，预计加工费 110 万元，每件 B 商品对外销售时预计销售费用 0.5 万元。甲公司已经签订不可撤销合同出售 B 产品给乙公司，每件售价 30 万元。年末 A 材料市场价每吨 18 万元，预计销售每吨 A 材料将会发生相关税费 0.2 万元。2×18 年 12 月 31 日，甲公司已经签订的不可撤销合同到期，库存 A 材料 2 吨，B 产品的市场价格为每件 32 万元，其他条件不变。假定 2×17 年之前未对 A 材料计提存货跌价准备，2×18 年未入库新材料。

【要求】

(1)不考虑其他因素，根据资料(1)计算 2×17 年 12 月 31 日甲公司应就库存自制半成品 S 计提的存货跌价准备，并编制相关的会计分录。

(2)根据资料(2)，计算甲公司 2×17 年 12 月 31 日、2×18 年 12 月 31 日对该配件应计提的存货跌价准备，并编制相关的会计分录。

(3)根据资料(3)，计算甲公司2×17年12月31日、2×18年12月31日对A材料应当计提的存货跌价准备，并编制相关会计分录。

【解析】

(1)不考虑其他因素，根据资料(1)计算2×17年12月31日甲公司应就库存自制半成品S计提的存货跌价准备，并编制相关的会计分录。

自制半成品S是用于生产W产品的，所以应先判断W产品是否减值。一件W产品的成本为47万元(37+10)，一件W产品的可变现净值为40万元，W产品发生减值。

所以，自制半成品S应按照成本与可变现净值孰低计量，一件半成品S的成本为37万元，一件半成品S的可变现净值为30万元(40－10)，一件半成品S应计提存货跌价准备7万元(37－30)。

借：资产减值损失　　7

　贷：存货跌价准备　　7

(会计分录中的金额单位为万元，以下不再说明)

(2)根据资料(2)，计算甲公司2×17年12月31日、2×18年12月31日对该配件应计提的存货跌价准备，并编制相关的会计分录。

● 2×17年12月31日。

配件是用于生产A产品的，所以应先计算A产品是否减值。一件A产品的成本＝12＋17＝29(万元)，可变现净值＝28.7－1.2＝27.5(万元)，A产品发生减值。

一套配件的成本＝12(万元)，可变现净值＝28.7－17－1.2＝10.5(万元)，一套配件应计提跌价准备金额＝12－10.5＝1.5(万元)，100套配件应计提跌价准备金额＝100×1.5＝150(万元)。

借：资产减值损失　　150

　贷：存货跌价准备　　150

● 2×18年12月31日。

配件是用于生产A产品的，所以应先计算A产品是否减值。一件A产品的成本＝12＋17＝29(万元)，可变现净值＝29.2－1.2＝28(万元)，A产品发生减值。

一套配件的成本＝12(万元)，可变现净值＝29.2－17－1.2＝11(万元)，一套配件应计提跌价准备金额＝12－11＝1(万元)，50套配件应计提跌价准备金额＝50×1＝50(万元)。

该50套配件已经计提的跌价准备金额＝150×(50/100)＝75(万元)，大于应计提的跌价准备金额50万元，则应冲减已经计提的跌价准备金额25万元(75－50)。

借：存货跌价准备　　25

　贷：资产减值损失　　25

(3)根据资料(3),计算甲公司 2×17 年 12 月 31 日、2×18 年 12 月 31 日针对 A 材料应当计提的跌价准备,并编制相关会计分录。

● 2×17 年 12 月 31 日。

A 材料是用于生产 B 产品的,所以应先计算 B 产品是否减值。一件 B 产品的成本 =(20×10)/10 + 110/10 = 20 + 11 = 31(万元),可变现净值 = 30 − 0.5 = 29.5(万元),B 产品发生减值。

A 材料的总成本 = 20×10 = 200(万元),可变现净值 = 30×10 − 110 − 0.5×10 = 185(万元),A 材料应计提跌价准备金额 = 200 − 185 = 15(万元)。

借:资产减值损失　　15

　　贷:存货跌价准备　　15

● 2×18 年 12 月 31 日。

A 材料是用于生产 B 产品的,2 吨 A 材料可以生产 1 件 B 产品,减值前其成本为 20 万元,根据不可撤销合同减值后的账面价值为 18.5 万元,不可撤销合同到期则按照市场价格确定的可变现净值 = 32 − 110/10 − 0.5 = 20.5(万元)。

由于根据不可撤销合同确定的账面价值作为新的计量基础,按市场价格计算的可变现净值大于其账面价值,不用转回原计提的减值。

【服务号“老汤煲会计”提示】

(1)仅当原有不利因素消除时,存货跌价准备才可以回转。即原来是由于不可撤销合同形成了存货的减值,如果因市场价格上升而使可变现净值上升,不可确认其减值回转。

(2)资产负债表日,同一项存货中一部分有合同约定、其他部分没有合同价格的,应当分别确定其可变现净值,并与其对应的成本进行比较,分别确定存货跌价准备的计提或转回的金额,由此计提的存货跌价准备不得相互抵销。

1.2　存货减值作为日后调整事项(编号:CPA—KJ—YT41—1—2)

甲公司购买了一批存货,2×16 年 12 月 20 日前,甲公司由于发生火灾,存货发生了减值,由于无法估计减值情况,暂估存货跌价损失为 300 万元。2×17 年 2 月 10 日,经专家评估,存货跌价损失应为 400 万元。

甲公司对外报出报表的时间为 2×17 年 4 月 30 日。甲公司 2×16 年所得税汇算清缴均在 2×17 年 3 月 20 日完成,假定该项存货跌价产生的损失在实际发生时才允许税前抵扣。

甲公司按实际净利润的 10%计提法定盈余公积,不计提任意盈余公积;适用的所得税税率为 25%,不考虑除所得税以外的其他因素。

【要求】

为甲公司编制相关的会计分录。

【解析】

2×17 年 2 月 10 日专家评定，是对资产负债表日（2×16 年 12 月 31 日）已经存在的情况给出了新的或进一步的证据，属于日后调整事项。在汇算清缴前确定的存货减值，不会影响应交所得税。

（1）2×17 年 2 月 10 日，计提存货减值损失，并调整递延所得税资产。

借：以前年度损益调整　　100

　　贷：存货跌价准备　　100

借：递延所得税资产　　25

　　贷：以前年度损益调整　　25（100×25%）

（2）将“以前年度损益调整”科目余额转入未分配利润。

借：利润分配——未分配利润　　75

　　贷：以前年度损益调整　　75

（3）因净利润变动，调整盈余公积。

借：盈余公积　　7.5

　　贷：利润分配——未分配利润　　7.5（75×10%）

（4）调整报告年度财务报表。

● 资产负债表项目的年末数调整。

调增递延所得税资产 25 万元，调减存货账面价值 100 万元；调减盈余公积 7.5 万元，调减未分配利润 67.5 万元。

● 利润表项目的调整。

调增资产减值损失 100 万元，调减所得税费用 25 万元，调减净利润 75 万元。

● 所有者权益变动表项目的调整。

提取盈余公积项目中盈余公积一栏调减 7.5 万元，未分配利润一栏调减 67.5 万元，所有者权益合计一栏减少 75 万元。

第 02 题（编号:CPA－KJ－YT41－2）

固定资产更新改造的确认和计量

2×18 年 2 月 28 日，甲公司为生产车间购入一台需安装的机器设备，以银行存款支付设备价款 120 万元（含发动机 40 万元）。3 月 6 日，甲公司以银行存款支付装卸费 0.6 万元。4 月 10 日，设备开始安装，在安装过程中，甲公司发生安装人员工资 0.8 万元；领用外购原材料一批，该批原材料的成本为 6 万元，市场价为 6.3 万元。

设备于 2×18 年 6 月 20 日完成安装，达到预定可使用状态。该设备预计使用 10 年，预计净残值为零，甲公司采用年限平均法计提折旧。

2×19 年 4 月 1 日对该项机器设备进行检修，发现其中的发动机出现难以修复的故障，需要更换。新购置的发动机价款为 50 万元，更新改造过程中发生劳务费用 3 万元，领用本公司自产产品一批，成本为 5 万元，计税价格为 6 万元。经更新改造的固定资产于 2×19 年 6 月 20 日达到预定可使用状态，假定上述更新改造支出符合资本化条件。

【要求】

(1)计算该固定资产的入账价值，并编制相应的会计分录。

(2)计算该固定资产 2×18 年和 2×19 年更新改造前应计提的折旧，并编制相应的会计分录。

(3)计算更新改造后，固定资产的入账价值，并编制相应的会计分录。

【解析】

(1)计算该固定资产的入账价值，并编制相应的会计分录。

固定资产的入账价值 = 120 + 0.6 + 0.8 + 6 = 127.4（万元）

● 2×18 年 2 月 28 日，支付设备价款。

借：在建工程　　120

　　贷：银行存款　　120

● 2×18 年 3 月 6 日，支付装卸费。

借：在建工程　　0.6

　　贷：银行存款　　0.6

● 2×18 年 4 月 10 日，支付安装人员工资，领用原材料按其成本入账，不考虑其公允价值。

借:在建工程 6.8

　　贷:应付职工薪酬 0.8

　　　　原材料 6

● 2×18 年 6 月 20 日,在建工程转固定资产。

借:固定资产 127.4

　　贷:在建工程 127.4

(2)计算该固定资产 2×18 年和 2×19 年更新改造前应计提的折旧,并编制相应的会计分录。

● 2×18 年应计提的折旧 = 127.4/10/12×6 = 6.37(万元)

借:制造费用 6.37

　　贷:累计折旧 6.37

● 2×19 年前 4 个月应计提的折旧 = 127.4/10/12×4 = 4.25(万元)

借:制造费用 4.25

　　贷:累计折旧 4.25

(3)计算更新改造后,固定资产的入账价值,并编制相应的会计分录。

● 更新改造前,固定资产的账面价值(不含发动机) = 127.4 − (6.37 + 4.25) − (40 − 40/10/12×10) = 116.78 − 36.67 = 80.11(万元),将账面价值转入在建工程。

借:在建工程 80.11

　　营业外支出 36.67

　　累计折旧 10.62

　　贷:固定资产 127.4

● 购买发动机进行更新改造。

借:在建工程 58

　　贷:银行存款 50

　　　　应付职工薪酬 3

　　　　库存商品 5

● 更新改造完成后,将在建工程转入固定资产。

借:固定资产 138.11

　　贷:在建工程 138.11

更新改造后,固定资产的入账价值 = 80.11 + 58 = 138.11(万元)

2×19 年完工后应计提的折旧额 = 138.11/(12×10 − 6 − 6)×6 = 7.67(万元)

第 03 题（编号:CPA－KJ－YT41－3）

投资性房地产计量模式的转换

为减少投资性房地产公允价值变动对公司利润的影响，从 2×19 年 1 月 1 日起，甲公司将出租厂房的后续计量由公允价值模式变更为成本模式，并将其作为会计政策变更采用追溯调整法进行会计处理。甲公司拥有的投资性房地产系一栋专门用于出租的厂房，于 2×16 年 12 月 31 日建造完成达到预定可使用状态并用于出租，成本为 8 500 万元。

2×19 年度，甲公司对出租厂房按照成本模式计提了折旧，并将其计入当期损益。

在投资性房地产后续计量采用成本模式的情况下，甲公司对出租厂房采用年限平均法计提折旧，出租厂房自达到预定可使用状态的次月起计提折旧，预计使用 25 年，预计净残值为零。在投资性房地产后续计量采用公允价值模式的情况下，甲公司出租厂房各年末的公允价值如下：2×16 年 12 月 31 日为 8 500 万元；2×17 年 12 月 31 日为 8 000 万元；2×18 年 12 月 31 日为 7 300 万元；2×19 年 12 月 31 日为 6 500 万元。

甲公司按实际净利润的 10％计提法定盈余公积，不计提任意盈余公积；适用的所得税税率为 25％，不考虑除所得税以外的其他因素。

【要求】

判断甲公司 2×19 年 1 月 1 日起变更投资性房地产的后续计量模式并进行追溯调整的会计处理是否正确，同时说明判断依据；如果甲公司的会计处理不正确，编制相应的更正会计分录。

【解析】

甲公司变更投资性房地产的后续计量模式并进行追溯调整的会计处理是不正确的。

理由：因为甲公司是为了减少投资性房地产公允价值变动对公司利润的影响而变更后续计量的，并且投资性房地产后续计量是不可以从公允价值模式变更为成本模式的。

会计分录调整可以视为“从成本模式转为公允价值模式的会计政策变更”，进行追溯调整。即将成本模式下的会计处理进行冲销，再按公允价值进行追溯调整，并且调整中包括以前年度损益调整和当期的损益调整。

（1）冲销 2×18 年 12 月 31 日及之前的会计处理（过去年度）。

借:投资性房地产——成本　　8 500

　投资性房地产累计折旧　　680

　递延所得税资产　　130

　盈余公积　　39

　利润分配——未分配利润　　351

　贷:投资性房地产　　8 500

　　投资性房地产——公允价值变动　　1 200

(2)当期计提折旧的冲销。

借:投资性房地产累计折旧　　340(8 500/25)

　贷:其他业务成本　　340

(3)确认当期公允价值变动。

借:公允价值变动损益　　800(7 300－6 500)

　贷:投资性房地产——公允价值变动　　800

(4)确认当期所得税影响。

借:递延所得税资产　　115(460×25%)

　贷:所得税费用　　115

第 04 题（编号:CPA－KJ－YT41－4）

其他权益工具投资与交易性金融资产

2×17 年 7 月 10 日，甲公司与乙公司签订股权转让合同，以 2 600 万元的价格受让乙公司所持丙公司 2%股权。同日，甲公司向乙公司支付股权转让款 2 600 万元，丙公司的股东变更手续办理完成。受让丙公司股权后，甲公司将其指定为以公允价值计量且其变动计入其他综合收益的金融资产。

2×17 年 8 月 5 日，甲公司从二级市场购入丁公司发行在外的股票 100 万股(占丁公司发行在外有表决权股份的 1%)，支付价款 2 200 万元，另支付交易费用 1 万元。根据丁公司股票的合同现金流量特征及管理丁公司股票的业务模式，甲公司将购入的丁公司股票作为以公允价值计量且其变动计入当期收益的金融资产核算。

2×17 年 12 月 31 日，甲公司所持上述丙公司股权的公允价值为 2 800 万元，所持上述丁公司股票的公允价值为 2 700 万元。

2×18 年 5 月 6 日，丙公司股东会批准利润分配方案，向全体股东共计分配现金股利 500 万元。2×18 年 7 月 12 日，甲公司收到丙公司分配的现金股利 10 万元。

2×18 年 12 月 31 日，甲公司所持上述丙公司股权的公允价值为 3 200 万元。所持上述丁公司股票的公允价值为 2 400 万元。

2×19 年 9 月 6 日，甲公司将所持丙公司 2%股权予以转让，取得款项 3 300 万元，2×19 年 12 月 4 日，甲公司将所持上述丁公司股票全部出售，取得款项 2 450 万元。

其他有关资料:(1)甲公司对丙公司和丁公司不具有控制、共同控制或重大影响;(2)甲公司按实际净利润的 10%计提法定盈余公积，不计提任意盈余公积;(3)适用的所得税税率为 25%，不考虑除所得税以外的其他因素。

【要求】

(1)根据上述资料，编制甲公司与购入、持有及处置丙公司股权相关的全部会计分录。

(2)根据上述资料，编制甲公司与购入、持有及处置丁公司股权相关的全部会计分录。

(3)根据上述资料，计算甲公司处置所持丙公司股权及丁公司股票对其 2×19 年度净利润和 2×19 年 12 月 31 日所有者权益的影响。

【解析】

(1)编制甲公司与购入、持有及处置丙公司股权相关的全部会计分录。

①2×17 年 7 月 10 日，确认购买其他权益工具投资。

借：其他权益工具投资——成本　2 600

　贷：银行存款　2 600

②2×17 年 12 月 31 日，确认公允价值变动及其所得税影响。

借：其他权益工具投资——公允价值变动　200

　贷：其他综合收益——其他权益工具投资公允价值变动　200

借：其他综合收益——其他权益工具投资公允价值变动　50(200×25%)

　贷：递延所得税负债　50

③2×18 年 5 月 6 日，确认应收股利。

借：应收股利　10

　贷：投资收益　10

④2×18 年 7 月 12 日，确认收到的应收股利。

借：银行存款　10

　贷：应收股利　10

⑤2×18 年 12 月 31 日，确认公允价值变动及其所得税影响。

借：其他权益工具投资——公允价值变动　400

　贷：其他综合收益——其他权益工具投资公允价值变动　400

借：其他综合收益——其他权益工具投资公允价值变动　100(400×25%)

　贷：递延所得税负债　100

⑥2×19 年 9 月 6 日，处置权益工具投资并确认其所得税影响。

借：递延所得税负债　150(600×25%)

　贷：其他综合收益——其他权益工具投资公允价值变动　150

借：银行存款　3 300

　贷：其他权益工具投资——成本　2 600

　　　　　　　　　　——公允价值变动　600

　　盈余公积　10

　　利润分配——未分配利润　90

借：其他综合收益　600

　贷：盈余公积　60

　　利润分配——未分配利润　540

借:盈余公积　　15(150×10%)

　利润分配——未分配利润　　135

　　贷:应交税费——应交所得税　　150(600×25%)

(2)编制甲公司与购入、持有及处置丁公司股权相关的全部会计分录。

①2×17 年 8 月 5 日,确认购买交易性金融资产。

借:交易性金融资产——成本　　2 200

　投资收益　　1

　　贷:银行存款　　2 201

②2×17 年 12 月 31 日,确认公允价值变动及其所得税。

借:交易性金融资产——公允价值变动　　500

　　贷:公允价值变动损益　　500

借:所得税费用　　125(500×25%)

　　贷:递延所得税负债　　125

③2×18 年 12 月 31 日,确认公允价值变动及其所得税。

借:公允价值变动损益　　300

　　贷:交易性金融资产——公允价值变动　　300

借:递延所得税负债　　75(300×25%)

　　贷:所得税费用　　75

④2×19 年 12 月 4 日,处置交易性金融资产并确认其所得税。

借:银行存款　　2 450

　　贷:交易性金融资产——成本　　2 200

　　　　　　　　　　——公允价值变动　　200

　　　投资收益　　50

借:公允价值变动损益　　200

　　贷:投资收益　　200

借:递延所得税负债　　200(800×25%)

　　贷:应交税费——应交所得税　　200

(3)计算甲公司处置所持丙公司股权及丁公司股票对其 2×19 年度净利润和 2×19 年 12 月 31 日所有者权益的影响。(注意,要写出计算过程,否则不能完全得分!)

对 2×19 年净利润的影响金额 = (2 450 − 2 400) × (1 − 25%) = 50 × 75% = 37.5(万元)

对 2×19 年所有者权益的影响金额 = (3 300 − 3 200) × (1 − 25%) + 37.5 = 112.5(万元)

所持丙公司的股权,成本 2 600 万元,2×17 年年末 2 800 万元,2×18 年年末 3 200 万元,处置时对价为 3 300 万元。

如果不考虑所得税，处置时，留存收益的变化 = 3 300 − 2 600 = 700（万元），其他综合收益的变化 = 2 600 − 3 200 = − 500（万元），权益变化 = （3 300 − 2 600） + （2 600 − 3 200） = 3 300 − 3 200 = 100（万元）。

第 05 题（编号:CPA－KJ－YT41－5）

其他债权投资及其处置

2×11 年 1 月 1 日，甲公司以面值从债券二级市场购入乙公司公开发行的面值为 1000 万元的债券，另外支付交易费用 66.24 万元。该债券的票面年利率为 10%，实际年利率为 8%，4 年后到期，每年年末付息一次，到期还本。另外，甲公司管理层决定收取合同现金流并且甲公司有对外出售的意图。初始确认时，甲公司确定其不属于购入或源生的已发生信用减值的金融资产。

2×11 年 12 月 31 日，由于市场利率变动，该债券的公允价值为 1 001.54 万元。甲公司认为该债券信用风险自初始确认后并未显著增加，按 12 个月内预期信用损失计量信用减值准备，其金额为 20 万元。

2×12 年 12 月 31 日，该债券公允价值继续下跌至 885.66 万元。由于乙公司信用状况恶化，已发生信用减值的金额为 60 万元。

2×13 年 12 月 31 日，处置该债券投资，处置对价为 950 万元。

【要求】

为甲公司编制相关的会计分录。

【解析】

根据甲公司的业务管理模式和债券的合同现金流量特征，甲公司将其分类为"以公允价值计量且其变动计入其他综合收益的金融资产"，并且在每个资产负债表日要确定预期信用损失或已发生信用减值，同时，将公允价值与账面余额的差额记入到"其他综合收益"。计算结果如表 5－1 所示。

表 5—1　债券账面余额、公允价值及其信用减值表　单位:万元

时　间	2×11 年 1 月 2 日	2×11 年 12 月 31 日	2×12 年 12 月 31 日	2×13 年 12 月 31 日	2×14 年 12 月 31 日
各时点账面余额	1 066.24	1 051.54	1 035.66	(1 018.51－60×8%)*	0
各时点公允价值		1 001.54	885.66	950	
公允价值变动		－50	－150		

续表

时 间	2×11 年 1 月 2 日	2×11 年 12 月 31 日	2×12 年 12 月 31 日	2×13 年 12 月 31 日	2×14 年 12 月 31 日
信用减值		20	60		

注：* 1 035.66 +（1 035.66 − 60）×8% − 100 = 1 035.66 ×（1 + 8%）− 100 − 60 × 8% = 1 018.51 − 60×8%。

(1)2×11 年初确认投资，账面余额$_0$ = 1 000 + 66.24 = 1 066.24(万元)。

借：其他债权投资——成本　　1 000

　　　　　　——利息调整　　66.24

　贷：银行存款　　1 066.24

(2)2×11 年末，确认投资收益和信用减值。

①确认债券实际利息收入。

借：银行存款　　100(1 000×10%)

　贷：投资收益(账面余额 0×8%)　　85.30

　　其他债权投资——利息调整　　14.70(100 − 85.30)

2×11 年末，账面余额$_1$ = 账面余额$_0$ − 当期利息调整 = 1 066.24 − 14.70 = 1 051.54(万元)

②确认债券公允价值变动。

2×11 年末，因公允价值变动，从而计入其他综合收益的金额 = 1 001.54 − 1 051.54 = −50(万元)。

借：其他综合收益——其他债权投资公允价值变动　　50

　贷：其他债权投资——公允价值变动　　50

③2×11 年 12 月 31 日，预期信用损失估计为 20 元，确认信用准备。

借：信用减值损失　　20

　贷：其他综合收益——信用减值准备　　20

2×11 年末，没有"已发生信用减值"，摊余成本$_1$ = 账面余额$_1$ − 20 = 1 031.54(万元)。

(3)2×12 年末，确认投资收益和信用减值。

①确认债券实际利息收入。

借：银行存款　　100(1 000×10%)

　贷：投资收益(账面余额 1×8%)　　84.12

　　其他债权投资——利息调整　　15.88(100 − 84.12)

2×12 年末，账面余额 2 = 账面余额$_1$ − 当期利息调整 = 1 051.54 − 15.88 = 1 035.66(万元)。

②确认债券公允价值变动。

2×12 年末，公允价值累计变动额 = 885.66 − 1 035.66 = −150(万元)

2×12 年末，应确认的公允价值变动额 = −150 − (−50) = −100(万元)

借：其他综合收益——其他债权投资公允价值变动　　100

　　贷：其他债权投资——公允价值变动　　100

③确认债券信用减值。

2×12 年 12 月 31 日，已经发生信用损失为 60 万元，应补提的损失准备金额 = 60 − 20 = 40(万元)。

2×12 年末，摊余成本$_2$ = 账面余额$_2$ − 60 = 1 035.66 − 60 = 975.66(万元)

借：信用减值损失　　40

　　贷：其他综合收益——信用减值准备　　40

(4)2×13 年末，确认债券投资收益并处置。

①确认债券实际利息收入。

由于已经发生信用减值，利息收入 = 摊余成本$_2$ × 实际利率 = 975.66 × 8% = 78.05(万元)。

借：银行存款　　100(1 000 × 10%)

　　贷：投资收益(摊余成本$_2$ × 8%)　　78.05

　　　　其他债权投资——利息调整　　21.95(100 − 78.05)

2×13 年末，账面余额$_3$ = 账面余额$_2$ − 当期利息调整 = 1 035.66 − 21.95 = 1 013.71(万元)。

2×13 年末，累计公允价值变动余额 = −150(万元)。

2×13 年末，信用减值准备余额 = 60(万元)。

②处置其他债权投资，处置对价与账面价值的差额计入投资收益。

投资收益 = 处置对价 − 账面价值 = 950 − (1 013.71 − 150) = 86.29(万元)

借：银行存款　　950

　　其他债权投资——公允价值变动　　150

　　贷：其他债权投资——成本　　1 000

　　　　　　　　　　——利息调整　　13.71

　　　　投资收益　　86.29

③处置其他债权投资，将其他综合收益转为投资收益。

借：其他综合收益——信用减值准备　　60

　　投资收益　　90

　　贷：其他综合收益——其他债权投资公允价值变动　　150

投资收益总和 = 处置对价 -（账面余额 + 公允价值累计变动）+ 公允价值累计变动（其他综合收益——其他债权投资公允价值变动）转出 + 信用减值准备（其他综合收益——信用减值准备）转出 = 处置对价 - 账面余额 + 信用减值准备转出 = 950 - 1 013.71 + 60 = -3.71（万元）。

【服务号“老汤煲会计”提示】

（1）关于利息收入的计算。如果金融资产没有“已经发生的减值”时，投资收益 = 期初账面余额 × 实际利率；如果金融资产存在“已经发生的减值”时，投资收益 = 期初摊余成本 × 实际利率。

（2）其他债权投资的会计处理，可以总结为“三条平行线”：

①确定投资收益和账面余额（已经发生信用减值，按期初摊余成本计算投资收益；如果不属于已经发生信用减值，则按期初账面余额计算投资收益）；

②确认公允价值的变动（公允价值与账面余额比较确认累计公允价值变动，计算其变化额并计入其他综合收益）；

③确认信用减值（信用减值准备的变化计入其他综合收益，并确定摊余成本）。

（3）处置其他债权投资时，投资收益 = 处置对价 -（账面余额 + 公允价值变动）+ 因公允价值变动的其他综合收益转出 + 因信用损失的其他综合收益转出 = 处置对价 - 账面余额 + 因信用损失的其他综合收益转出。

第 06 题（编号:CPA - KJ - YT41 - 6）

提前收到部分本金的债权投资

2×11 年 1 月 1 日，甲公司以 1 066.24 万元从债券二级市场购入乙公司公开发行的面值为 1 000 元的 4 年期债券 1 万张。该债券的票面年利率为 10%，实际年利率为 8%。每年年末付息一次，到期还本。此债券合同现金流量特征与基本借贷安排一致；另外，甲公司管理层决定仅收取合同现金流，即甲公司没有对外出售的意图。初始确认时，甲公司确定其不属于购入或源生的已发生信用减值的金融资产。初始确认后，不存在预期信用损失。

2×12 年 1 月 1 日，甲公司预计有一半的本金将会在该年年末收回，则其余的一半本金将于 2×14 年年末付清。

【要求】

为甲公司编制相关的会计分录。

【解析】

根据甲公司的业务管理模式和债券的合同现金流量特征，甲公司将其分类为"以摊余成本计量的金融资产"。各时点的债券现金流量、账面余额及其账面价值如表 6－1 所示。

表 6—1　债券现金流量、账面余额及其账面价值表　单位：万元

时　间	2×11 年 1 月 2 日	2×11 年 12 月 31 日	2×12 年 12 月 31 日	2×13 年 12 月 31 日	2×14 年 12 月 31 日
各时点现金流		100	100	100	100 + 1 000
各时点账面余额	1 066.24	1051.54			0
各时点现金流			100 + 500	50	50 + 500
各时点账面价值		1 035.03*	517.83	509.26	

注：* $\frac{10+500}{1+8\%}+\frac{50}{(1+8\%)^2}+\frac{50+500}{(1+8\%)^3}=1\ 035.03$

(1) 2×11 年年初，账面余额$_0$ = 1 066.24（万元）。

借：债权投资——成本　　1 000

　　　　　　——利息调整　　66.24

　贷：银行存款　　1 066.24

(2)2×11 年年末,确认投资收益。

借:银行存款　　100(1 000×10%)

　贷:投资收益(账面余额$_0$×8%)　　85.30

　　债权投资——利息调整　　14.7(100－85.30)

2×11 年年末,账面余额$_1$＝账面余额$_0$－当期利息调整＝1 066.24－14.7＝1 051.54(万元)。

2×11 年年末,公允价值发生变动不进行会计处理。

(3)2×12 年年初,新的账面余额为 1 035.03 万元,原账面余额为 1 051.54 万元,账面余额的差额为－16.51 万元(1 035.03－1 051.54),并确认为投资收益。

借:投资收益　　16.51

　贷:债权投资——利息调整　　16.51

经过调整后的账面余额$_1$＝1 035.03(万元)

(4)2×12 年年末,确认投资收益,并收到本金的一半。

借:银行存款　　100(1 000×10%)

　贷:投资收益(账面余额$_1$×8%)　　82.80

　　债权投资——利息调整　　17.20

借:银行存款　　500

　贷:债权投资——成本　　500

账面余额$_2$＝1 035.03×(1＋8%)－(100＋500)＝517.83(万元)

(5)2×13 年末,确认投资收益。

借:银行存款　　50(500×10%)

　贷:投资收益(账面余额$_2$×8%)　　41.43(517.83×8%)

　　债权投资——利息调整　　8.57(50－41.43)

2×13 年末,账面余额$_3$＝账面余额$_2$－当期利息调整＝517.83－8.57＝509.26(万元)

(6)2×14 年末,确认投资收益并收回另外的一半本金。

借:银行存款　　50(500×10%)

　贷:投资收益(账面余额$_2$×8%)　　40.74(509.26×8%)

　　债权投资——利息调整　　9.26(50－40.74)

借:银行存款　　500

　贷:债权投资——成本　　500

第 07 题（编号:CPA－KJ－YT41－7）

债权投资转其他债权投资

甲银行于 2×17 年 1 月 1 日以公允价值 1066.24 万元购入乙企业当日发行的债券共计 1 万张，债券 4 年到期，票面年利率为 10%，每年年末支付当期利息，面值为 1000 元。甲银行将其分类为以摊余成本计量的金融资产。2×17 年末甲银行改变其业务管理模式，将其重分类为以公允价值计量且其变动计入其他综合收益的金融资产。2×17 年末已确认的信用减值损失为 20 万元(反映了自初始确认后信用风险显著增加，因此以整个存续期预期信用损失计量)。2×18 年 1 月 1 日，该债券组合的公允价值为 1061.54 万元。在此过程中，不考虑相关税费。

【要求】

为甲银行编制相关的会计分录。

【解析】

重分类日为导致企业对金融资产进行重分类的业务模式发生变更后的首个报告期间的第一天，即 2×18 年 1 月 1 日。

(1)2×17 年 1 月 1 日，甲银行购买债券。

借:债权投资——成本	1 000	
——利息调整	66.24	
贷:银行存款		1 066.24

(2)2×17 年 12 月 31 日，甲银行确认利息收入和信用减值准备。

借:银行存款	100	
贷:利息收入		85.30(1 066.24×8%)
债权投资——利息调整		14.70
借:信用减值损失	20	
贷:债权投资减值准备		20

当年末的账面余额＝1 066.24－14.70＝1 051.54(万元)

当年末的账面价值＝1 051.54－20＝1 031.54(万元)

(3)2×18 年 1 月 1 日作为重分类日，债权投资转为其他债券投资。

借:其他债权投资——成本 1 000
——利息调整 51.54
——公允价值变动 10
贷:债权投资——成本 1 000
——利息调整 51.54
其他综合收益——其他债权投资公允价值变动 10
借:债权投资减值准备 20
贷:其他综合收益——信用减值准备 20

【服务号"老汤煲会计"提示】

将债权投资账面价值与其公允价值的差额计入其他综合收益,其中包括两部分:公允价值变动和信用减值准备。

第 08 题（编号:CPA－KJ－YT41－8）

其他权益工具投资的公允价值套期

2×16 年 1 月 1 日，甲公司以每股 10 元的价格，从二级市场上购入乙公司股票 100 万股（占乙公司有表决权股份的 0.5%），且将其指定为以公允价值计量且其变动计入其他综合收益的非交易性权益工具投资。为规避该股票价格下降风险，甲公司于 2×16 年 12 月 31 日支付期权费 180 万元购入一项看跌期权，该看跌期权对应着 100 万股乙公司股票。该期权的行权价格为每股 9 元，行权日期为 2×18 年 12 月 31 日。

(1)2×16 年 12 月 31 日，乙公司股票的公允价值为每股 8 元，看跌期权的价值为 180 万元。

(2)2×17 年 12 月 31 日，乙公司股票的公允价值为每股 6 元，看跌期权的价值为 390 万元。

(3)2×18 年 12 月 31 日，乙公司股票的公允价值为每股 7 元，看跌期权的价值为 200 万元。

(4)甲公司于 2×18 年 12 月 31 日行使了看跌期权，并出售了股票。

假定甲公司按净利润的 10%提取盈余公积，不考虑税费等其他因素的影响。

【要求】

为甲公司编制相关的会计分录。

【解析】

该交易为公允价值套期。其他权益工具投资作为被套期项目，其公允价值变动计入其他综合收益；看跌期权作为套期工具，其公允价值变动计入“其他综合收益——套期损益”。结算时，其他综合收益的变动计入“留存收益”。

(1)2×16 年 1 月 1 日购入股票的会计处理。

借：其他权益工具投资——成本　　1 000

　　贷：银行存款　　1 000

(2)2×16 年 12 月 31 日的会计处理。

①确认公允价值变动。

借:其他综合收益——其他权益工具公允价值变动 200

贷:其他权益工具投资——公允价值变动 200

②购买看跌期权并确认套期关系。

借:套期工具——看跌期权 180

贷:银行存款 180

借:被套期项目——其他权益工具投资 800

贷:其他权益工具投资 800

(3)2×17 年 12 月 31 日的会计处理。

借:套期工具——看跌期权 210

贷:其他综合收益——套期损益 210

借:其他综合收益——套期损益 200

贷:被套期项目——其他权益工具投资 200

(4)2×18 年 12 月 31 日的会计处理。

借:其他综合收益——套期损益 190

贷:套期工具——看跌期权 190

借:被套期项目——其他权益工具投资 100

贷:其他综合收益——套期损益 100

借:银行存款 200

贷:套期工具——看跌期权 200

借:银行存款 700

贷:被套期项目——其他权益工具投资 700

借:留存收益 28

未分配利润 252

贷:其他综合收益 280

【服务号"老汤煲会计"提示】

被套期项目(其他权益工具投资)下降了 300 万元,套期工具上涨了 20 万元,最终净亏损为 280 万元,并转为留存收益。另外,在本题例中,看跌期权的公允价值仅为示例以说明问题,其公允价值可以根据期权的公式进行计算。

第 09 题（编号:CPA－KJ－YT41－9）

金融资产分类与计量的差错更正

甲股份有限公司(以下简称“甲公司”)是一家上市公司,2×17 年甲公司发生了下列有关交易或事项:

(1)2×17 年 12 月 1 日,甲公司将其持有的分类为以公允价值计量且其变动计入当期损益的金融资产的 D 公司股票出售给丙公司,收取价款 120 万元。处置时该金融资产账面价值为 105 万元(其中:初始入账金额 90 万元,公允价值变动为 15 万元)。同时,甲公司与丙公司签署协议,约定于 2×19 年 3 月 31 日按回购时该金融资产的公允价值将该金融资产回购。甲公司在出售该股票时未终止确认该金融资产,将收到的款项 120 万元确认为预收账款。2×17 年 12 月 31 日该股票的公允价值为 108 万元,在此过程中,甲公司确认“交易性金融资产”和“公允价值变动损益”3 万元。

(2)甲公司于 2×17 年 12 月 10 日购入丁公司股票 100 万股,将其作为以公允价值计量且其变动计入当期损益的金融资产核算,每股购入价为 1 元,另支付相关费用 5 万元。2×17 年 12 月 31 日,该股票收盘价为每股 1.2 元。甲公司相关会计处理如下:

借:交易性金融资产——成本　　105
　　贷:银行存款　　105
借:交易性金融资产——公允价值变动　　15
　　贷:公允价值变动损益　　15

(3)2×17 年 12 月 20 日,甲公司与丁公司签订股权转让框架协议,将甲公司持有的账面价值为 2 000 万元的 D 公司 30%的股权转让给丁公司。协议明确此次股权转让标的为 D 公司 30%的股权,总价款 3 600 万元,丁公司分两次支付,2×17 年 12 月 31 日支付了第一笔款项 1 800 万元。为了保证丁公司的利益,甲公司在 2×17 年年末将持有的 D 公司 15%的股权变更登记为丁公司,但丁公司暂时并不拥有与该 15%股权对应的表决权,也不拥有分配该 15%股权对应的利润的权利。甲公司相关会计处理如下:

借:银行存款　　1 800
　　贷:长期股权投资　　1 000
　　　　投资收益　　800

【要求】

根据上述资料，逐项判断甲公司的会计处理是否正确，并说明理由；如不正确，编制有关差错更正的会计分录（涉及损益的不通过“以前年度损益调整”科目核算，直接使用相关会计科目，也无需编制提取盈余公积、结转利润分配的会计分录）。

【解析】

(1)事项(1)甲公司的会计处理不正确。

理由：甲公司将金融资产出售，同时与买入方签订协议，约定在到期日再将该金融资产按到期日的公允价值回购，表明甲公司已经转移了该项金融资产所有权上几乎所有的风险和报酬，因此，符合终止确认的条件，应该终止确认该项金融资产。会计分录更正如下：

①冲销本期确认的公允价值变动。

借：公允价值变动损益　3

　　贷：交易性金融资产——公允价值变动　3

②终止确认交易性金融资产。

借：预收账款　120

　　贷：交易性金融资产——成本　90

　　　　　　　　　　——公允价值变动　15

　　　　投资收益　15

借：公允价值变动损益　15

　　贷：投资收益　15

(2)事项(2)甲公司的会计处理不正确。

理由：购入股票作为以公允价值计量且其变动计入当期损益的金融资产核算，发生的交易费用应计入投资收益，不应计入成本。会计分录更正如下：

①将交易费用计入投资收益。

借：投资收益　5

　　贷：交易性金融资产——成本　5

②补记公允价值变动。

借：交易性金融资产——公允价值变动　5

　　贷：公允价值变动损益　5

(3)事项(3)甲公司会计处理不正确。

理由：虽然形式上甲公司将所持有的 D 公司 15%的股权转让给丁公司，但实质上，丁公司并没有拥有对应的表决权，也并不享有对应的利润分配权。也就是说，甲公司保留了收取该金融资产现金流量的权利，且没有承担将收取的现金流量支付给丁公司的义务，且其保留了该股权相关的所有风险和报酬。根据会计准则的规定，实质上该金融资产并未转移，不符合金融资产终止确认的条件，不能终止确认，不应当确认该 15%股权的处置损益，应将收到的款项作为预收款项处理。会计分录更正如下：

借：长期股权投资　　1 000

　投资收益　　800

　贷：预收账款　　1 800

【服务号“老汤煲会计”提示】

对于会计差错更正，可以简单地理解为：将错误的会计处理“反过来走一遍”，再将正确的会计处理“正确地走一遍”。

第10题（编号:CPA－KJ－YT41－10）

资产减值(以外币计算)

甲公司为一物流企业，经营国内、国际货物运输业务。由于拥有的货轮出现了减值迹象。甲公司于2×18年12月31日对其进行减值测试，相关资料如下：

(1)甲公司以人民币为记账本位币，国内货物运输采用人民币结算，国际货物运输采用美元结算。

(2)货轮采用年限平均法计算折旧，预计使用20年，预计净残值率为5%。2×18年12月31日，货轮的账面原价为人民币38 000万元，已计提折旧为人民币27 075万元，账面价值为人民币10 925万元，货轮已使用15年，尚可使用5年，甲公司拟继续经营使用货轮直至报废。

(3)甲公司将货轮专门用于国际货物运输。由于国际货物运输业务受宏观经济形势的影响较大，甲公司预计货轮未来5年产生的净现金流量(假定使用寿命结束时处置货轮产生的净现金流量为零，有关现金流量均发生在年末)如表10－1所示。

表10—1　　货轮未来5年净现金流量表　　单位:万美元

年　份	业务好时(20%的可能性)	一般时(60%的可能性)	业务差时(20%的可能性)
第一年	500	400	200
第二年	480	360	150
第三年	450	350	120
第四年	480	380	150
第五年	480	400	180

(4)由于不存在活跃市场，甲公司无法可靠估计货轮的公允价值减去处置费用后的净额。

(5)经过公司董事会批准，因业务重组第一年年末支出100万元人民币用于与货轮相关辞退人员的补偿。

(6)在考虑了货币时间价值和货轮特定风险后，甲公司确定10%为人民币适用的折现率，确定12%为美元的折现率，相关复利现值系数如下：

(P/F，10%，1)＝0.909 1；(P/F，12%，1)＝0.892 9

(P/F，10%，2)＝0.826 4；(P/F，12%，2)＝0.797 2

(P/F ,10%,3)＝0.751 3;(P/F,12%,3)＝0.711 8

(P/F ,10%,4)＝0.683 0;(P/F,12%,4)＝0.635 5

(P/F ,10%,5)＝0.620 9;(P/F,12%,5)＝0.567 4

(7)2×18 年 12 月 31 日的汇率为 1 美元＝6.85 元人民币。甲公司预测以后各年末的美元汇率如下:第 1 年末为 1 美元＝6.80 元人民币;第 2 年末为 1 美元＝6.75 元人民币;第 3 年末为 1 美元＝6.70 元人民币;第 4 年末为 1 美元＝6.65 元人民币;第 5 年末为 1 美元＝6.60 元人民币。

【要求】

(1)使用期望现金法计算货轮未来 5 年每年的现金流量。

(2)计算货轮按照记账本位币表示的未来 5 年现金流量的现值,并确定其可收回金额。

(3)计算货轮应计提的减值准备,并编制相关会计分录。

(4)计算货轮 2×19 年应计提的折旧,并编制相关会计分录。

【解析】

(1)使用期望现金流量法计算货轮未来 5 年每年的现金流量。

第一年的现金流量＝500×20%＋400×60%＋200×20%＝380(万美元)

第二年的现金流量＝480×20%＋360×60%＋150×20%＝342(万美元)

第三年的现金流量＝450×20%＋350×60%＋120×20%＝324(万美元)

第四年的现金流量＝480×20%＋380×60%＋150×20%＝354(万美元)

第五年的现金流量＝480×20%＋400×60%＋180×20%＝372(万美元)

(2)计算货轮按照记账本位币表示的未来 5 年现金流量的现值,并确定其可收回金额。

按照外币表示的未来 5 年现金流量的现值＝380×0.892 9＋342×0.797 2＋324×0.711 8＋354×0.635 5＋372×0.567 4＝1 278.61(万美元)

货轮按照记账本位币表示的未来 5 年现金流量的现值＝1 278.61×6.85－100(因承诺的重组支出)×0.909 1＝8 758.48－90.91＝8 667.57(万元)

由于无法可靠估计货轮的公允价值减去处置费用后的净额,所以其可收回金额就是未来现金流量现值 8 667.57 万元。

(3)计算货轮应计提的减值准备,并编制相关会计分录。

货轮的账面价值是 10 925 万元,可回收金额是 8 758.48 万元,所以,应该计提的减值金额＝10 925－8 667.57＝2 257.43(万元),会计分录为:

借:资产减值损失　　2 257.43

　贷:固定资产减值准备　　2 257.43

(4)计算货轮 2×19 年应计提的折旧,并编制相关会计分录。

因为使用寿命结束时处置货轮产生的净现金流量为零,所以净残值可以判断为零,2×19

年应计提的折旧 = 8 667.57/5 = 1 773.51(万元),会计分录为:

借:主营业务成本　　1 773.51

　贷:累计折旧　　1 773.51

第 11 题（编号：CPA－KJ－YT41－11）

借款费用

甲公司为建造一条生产线，发生两笔一般借款：

第一笔一般借款为 2×11 年 9 月 1 日取得，本金为 2 000 万元，年利率为 6%，期限为 1 年 6 个月；第二笔一般借款为 2×11 年 12 月 1 日取得，本金为 3 000 万元，年利率为 7%，期限为 1 年 5 个月。

工程采用出包方式，发生的支出如下：

- 2×12 年 1 月 2 日支出 1 000 万元；
- 2×12 年 5 月 1 日支出 1 600 万元；
- 2×12 年 8 月 1 日支出 1 400 万元。

2×12 年 9 月 1 日，由于发生安全事故发生人员伤亡，工程停工。

2×13 年 1 月 1 日，工程再次开工，并于当日发生支出 1 200 万元。

2×13 年 3 月 31 日完成，工程验收合格。试生产后，能够生产合格产品。

2×13 年 3 月 31 日之后，为了使该工程能更好地使用，发生职工培训费 120 万元。

【要求】

(1)确定甲公司生产线建造工程借款费用的资本化期间，并说明理由。

(2)计算甲公司 2×12 年一般借款利息应予资本化的金额，并对生产线建造工程进行会计处理。

(3)计算甲公司 2×13 年一般借款利息应予资本化的金额，并对生产线建造工程进行会计处理，编制结转固定资产的会计分录。

【练习】

(1)确定甲公司生产线建造工程借款费用的资本化期间，并说明理由。

甲公司生产线建造工程借款费用的资本化期间：

2×12 年 1 月 2 日至 2×12 年 8 月 31 日

(9 月 1 日至 12 月 31 日期间暂停)

2×13 年 1 月 1 日至 2×13 年 3 月 31 日

理由：

2×12 年 1 月 2 日资产支出发生、借款费用发生、有关建造活动开始，符合借款费用开始资本化的条件；

9 月 1 日至 12 月 31 日期间因事故停工且超过 3 个月，应暂停资本化；

2×13 年 3 月 31 日试生产出合格产品，已达到预定可使用状态，应停止借款费用资本化。

(2)计算甲公司 2×12 年一般借款利息应予资本化的金额，并对生产线建造工程进行会计处理。

①一般借款的利息总额 = 2 000×6% + 3 000×7% = 330(万元)

②在资本化期间内一般借款的利息总额 = 2 000×6%×8/12 + 3 000×7%×8/12 = 220(万元)

③在资本化期间内一般借款平均资本化率 = 220/(2 000×8/12 + 3 000×8/12) = 6.6%

④累计资产支出占用一般借款的加权平均数 = 1 000×4/12 + 2 600×3/12 + 4 000×1/12 = 1 316.67(万元)

⑤一般借款利息资本化金额 = 1 316.67×6.6% = 86.9(万元)(小于在资本化期间内一般借款利息总额)

⑥一般借款费用化金额 = 330 − 86.9 = 243.1(万元)

借：在建工程	86.9	
财务费用	243.1	
贷：应付利息		330

(3)2×12 年建造支出计入在建工程。

借：在建工程	4 000	
贷：银行存款		4 000

(4)计算甲公司 2×13 年一般借款利息应予资本化的金额，并对该生产线建造工程进行会计处理，编制结转固定资产的会计分录。

①利息资本化。

2×13 年符合资本化的期间为 3 个月。

第一笔一般借款在 2×13 年还有 2 个月到期，第二笔借款在 2×13 年还有 4 个月到期。

2×13 年 1 月至 3 月一般借款的利息总额 = 2 000×6%×2/12 + 3 000×7%×3/12 = 72.5(万元)

2×13 年一般借款平均资本化率 = 72.5/(2 000×2/12 + 3 000×3/12) = 6.69%

2×13 年累计资产支出占用一般借款的加权平均数 = 5 200×3/12 = 1 300(万元)

2×13 年借款费用资本化金额 = 1 300×6.69% = 86.97(万元)，由于此金额大于同期一般借款利息总额，则一般借款费用资本化金额为 72.5 万元。

借:在建工程 72.5

  贷:应付利息(2×13 年第一季度) 72.5

②2×13 年建造支出计入在建工程。

借:在建工程 1 200

  贷:银行存款 1 200

③完工时在建工程结转到固定资产,培训费用不计入资产成本。

借:固定资产 5 359.4

  贷:在建工程 5 359.4

固定资产 = 4 000 + 86.9 + 1 200 + 72.5 = 5 359.4(万元)

第 12 题（编号:CPA－KJ－YT41－12）

应付职工薪酬

甲公司为增值税一般纳税人，适用的增值税税率为 13%。其 2×15 年 12 月份发生的与职工薪酬有关的业务如下：

(1)2×15 年 12 月份，甲公司以其生产的成本为 0.3 万元/台的洗衣机作为福利发放给 200 名职工，每台洗衣机的市场售价为 0.6 万元/台；同时将公司外购的 200 套百变衣柜发放给上述人员，企业购买这些衣柜的含税价格为 0.5 万元/套，已取得增值税专用发票；假定 200 名职工中 120 名为企业生产人员，30 名为销售精英，50 名为总部管理人员。

(2)甲公司实行累积带薪缺勤货币补偿制度，补偿金额为放弃带薪休假期间平均日工资的 2 倍。2×15 年，甲公司有 25 名管理人员放弃 5 天的带薪年休假，该公司平均每名职工每个工作日工资为 300 元。

(3)甲公司 2×14 年经营业绩超出预期，董事会决定对该公司的管理人员进行奖励。2×15 年 6 月 20 日，甲公司从公司外部购入 20 套商品房奖励公司的 20 名高级管理人员，该商品房每套 100 万元，公司以每套 65 万元的价格出售给职工，但要求相关人员需要自 2×15 年 7 月 1 日起在公司继续服务 5 年。

(4)2×15 年 12 月，计提并发放 11 月份职工工资 1 670 万元，其中生产人员工资 850 万元，销售人员工资 500 万元，管理人员工资 320 万元，其中代扣个人所得税 170 万元。

(5)因业务整合需要，甲公司与部分职工签订了正式的解除劳动关系协议。该协议签订后，甲公司不能单方面解除。根据该协议，甲公司于 2×16 年 1 月 1 日起至 2×16 年 6 月 20 日期间将向辞退的职工一次性支付补偿款 1 000 万元。该辞退计划已经公布，尚未实际实施。

【要求】

(1)根据资料(1)，说明甲公司作为福利发放的自产洗衣机是否应确认收入，并说明理由。编制相关会计分录。

(2)根据资料(2)，编制相关会计分录。

(3)根据资料(3)，计算甲公司 2×15 年因此计划应确认的成本费用金额，并编制相关的会计分录。

(4)根据资料(4)，编制相关的会计分录。

(5)根据资料(5),编制相关的会计分录。

【解析】

(1)根据资料(1),甲公司作为福利发放的自产洗衣机应确认收入。

理由:企业以其生产的产品作为非货币性福利提供给职工的,应当按照产品的公允价值和相关税费,计量应计入成本费用的职工薪酬金额,相关收入的确认、销售成本的结转和相关税费的处理,与正常商品销售相同。

借:生产成本　　81.36(120×0.6×1.13)
　销售费用　　20.34(30×0.6×1.13)
　管理费用　　33.90(50×0.6×1.13)
　贷:应付职工薪酬　　135.60(200×0.6×1.13)

借:应付职工薪酬　　135.60(200×0.6×1.13)
　贷:主营业务收入　　120(200×0.6)
　　应交税费——应交增值税(销项税额)　　15.6(200×0.6×0.13)

借:主营业务成本　　60(200×0.3)
　贷:库存商品　　60(200×0.3)

借:生产成本　　60(120×0.5)
　销售费用　　15(30×0.5)
　管理费用　　25(50×0.5)
　贷:应付职工薪酬——非货币性福利　　100(200×0.5)

借:应付职工薪酬——非货币性福利　　100(200×0.5)
　贷:库存商品　　100

【服务号"老汤煲会计"提示】

如果使用外购的商品作为福利发放给员工,不视同销售,按成本和进项税额之和计入相应的成本或费用。如果初始已知用于员工福利,则进项税额作为成本的一部分;如果初始未知,则作为福利发放时,进项税额转出作为成本或费用的一部分。

(2)根据资料(2),编制相关会计分录。

①确认管理费用。

借:管理费用　　7.5(25×5×300×2/10 000)
　贷:应付职工薪酬——累积带薪缺勤　　7.5

②实际支付银行存款。

借:应付职工薪酬——累积带薪缺勤　　7.5(25×5×300×2/10 000)
　贷:银行存款　　7.5

(3)根据资料(3),甲公司 2×15 年因此计划应确认的成本费用金额 = (100 - 65)×20/5×6/12 = 70(万元),公司出售住房时应进行如下账务处理:

借:银行存款　　1 300(20×65)

　长期待摊费用　　700

　贷:固定资产　　2 000(100×20)

出售住房后的每年内,公司应当按照直线法在 5 年内摊销长期待摊费用。当年应编制的会计分录:

借:管理费用　　70

　贷:应付职工薪酬　　70

借:应付职工薪酬　　70

　贷:长期待摊费用　　70

(4)根据资料(4),根据受益对象确认应付职工薪酬。

借:生产成本　　850

　销售费用　　500

　管理费用　　320

　贷:应付职工薪酬　　1 670

借:应付职工薪酬　　170

　贷:应交税费——应交个人所得税　　170

借:应付职工薪酬　　1 500

　应交税费——应交个人所得税　　170

　贷:银行存款　　1 670

(5)根据资料(5),辞退福利属于管理费用。

借:管理费用　　1 000

　贷:应付职工薪酬　　1 000

第 13 题（编号:CPA－KJ－YT41－13）

权益结算的股份支付

甲股份有限公司(以下简称“甲公司”)于 2×13 年开始对高管人员进行股权激励。

具体情况如下：

(1)2×13 年 1 月 2 日，甲公司与 50 名高管人员签订股权激励协议并经股东大会批准。协议约定：甲公司向每名高管授予 12 万份股票期权，每份期权于到期日可以 8 元/股的价格购买甲公司 1 股普通股。该股票期权自股权激励协议签订之日起 3 年内分三期平均行权，即该股份支付协议包括等待期分别为 1 年、2 年和 3 年的三项股份支付安排：2×13 年年末甲公司实现的净利润较上一年度增长 8%(含 8%)以上，在职的高管人员持有的股份期权中每人可行权 4 万份；2×14 年末，如果甲公司 2×13、2×14 连续两年实现的净利润增长达 8%(含 8%)以上，在职的高管人员持有的股票期权中每人可行权 4 万份；2×15 年末，如果甲公司连续三年实现的净利润增长达到 8%(含 8%)以上，则高管人员持有的剩余股票期权 4 万份可予以行权。当日甲公司估计授予高管人员的股票期权公允价值为 5 元/份。

(2)2×13 年，甲公司实现净利润 12 000 万元，较 2×12 年增长 9%，预计股份支付剩余等待期内净利润仍能够以同等速度增长。2×13 年甲公司普通股平均市场价格为 12 元/股，2×13 年 12 月 31 日，甲公司所授予股票期权的公允价值为 4.5 元/份。2×13 年，与甲公司签订了股权激励协议的高管人员没有离职，预计后续期间也不会离职。

(3)2×14 年 3 月 20 日，甲公司 50 名高管人员将至 2×13 年年末到期可行权股票期权全部行权。2×14 年，甲公司实现净利润 13 200 万元，较 2×13 年增长 10%，预计股份支付剩余等待期内净利润仍能够以同等速度增长。2×14 年没有高管人员离职，预计后续期间也不会离职。2×14 年 12 月 31 日，甲公司所授予股票期权的公允价值为 3.5 元/份。

其他相关资料：甲公司 2×13 年 1 月 1 日发行在外普通股为 5 000 万股，假定各报告期未发生其他影响发行在外普通股股数变动的事项，且公司不存在除普通股外其他权益工具，不考虑相关税费及其他因素。

【要求】

(1)确定甲公司该项股份支付的授予日，计算甲公司 2×13 年、2×14 年就该股份支付应确认的费用金额，并编制相关会计分录。

(2)编制甲公司高管人员 2×14 年就该股份支付行权的会计分录。

(3)计算甲公司 2×13 年基本每股收益。

【解析】

(1)确定甲公司该项股份支付的授予日。计算甲公司 2×13 年、2×14 年就该股份支付应确认的费用金额,并编制相关会计分录。

授予日为 2×13 年 1 月 2 日,因为企业与高管人员在当日签订了股权激励协议并经股东大会批准,不进行会计处理。

①2×13 年年末,确认管理费用。

企业应确认的成本费用 = (50×4×5×1/1 + 50×4×5×1/2 + 50×4×5×1/3)
= 50×4×5×1/1 + 50×4×5×1/2 + 50×4×5×1/3
= 1 000×1/1 + 1 000×1/2 + 1 000×1/3
= 1 000 + 500 + 333.33
= 1 833.33(万元)

借:管理费用　　1 833.33
　贷:资本公积——其他资本公积　　1 833.33

②2×14 年年末,确认管理费用。

企业应确认的成本费用 = (50×4×5×1/1 + 50×4×5×2/2 + 50×4×5×2/3) − 1 833.33
= 1 000×1/1 + 1 000×2/2 + 1 000×2/3 − 1 833.33
= 833.34(万元)

借:管理费用　　833.34
　贷:资本公积——其他资本公积　　833.34

(2)编制甲公司高管人员 2×14 年就该股份支付行权的会计分录。

因职工行权增加的股本 = 50×4×1 = 200(万股),形成的股本溢价 = 200×8 + 1000 − 200 = 2 400(万元)。

借:银行存款　　1 600
　资本公积——其他资本公积　　1 000
　贷:股本　　200
　　资本公积——股本溢价　　2 400

(3)计算甲公司 2×13 年基本每股收益。

甲公司 2×13 年的基本每股收益 = 12 000/5 000 = 2.4(元/股)

第 14 题（编号:CPA－KJ－YT41－14）

加速行权的股份支付

经董事会批准，甲公司 2×17 年 1 月 1 日实施股权激励计划，其主要内容为：甲公司向公司 50 名管理人员每人授予 1 万份股票期权，行权条件为公司 2×17 年度实现的净利润较前一年增长 6%，截至 2×18 年 12 月 31 日的 2 个会计年度平均净利润增长率为 7%，截至 2×19 年 12 月 31 日的 3 个会计年度平均净利润增长率为 8%；从达到上述业绩条件的当年末起，每持有 1 份股票期权可以以 6 元每股购入甲公司股票，行权期为 3 年。

公司 2×17 年度实现的净利润较前一年增长 5%，本年度没有管理人员离职。该年末，甲公司预计公司截至 2×18 年 12 月 31 日的 2 个会计年度平均净利润增长率将达到 7%，未来一年将有 2 名管理人员离职。

2×18 年度，公司有 3 名管理人员离职，实现的净利润较前一年增长 7%。该年末，甲公司预计公司截至 2×19 年 12 月 31 日的 3 个会计年度平均净利润增长率将达到 10%，未来一年将有 4 名管理人员离职。

2×19 年 10 月 20 日，甲公司经董事会批准取消原授予公司管理人员的股权激励计划，同时以现金补偿原授予股票期权且尚未离职的公司管理人员 500 万元。2×19 年初至取消股权激励计划前，公司有 1 名管理人员离职。

每份股票期权公允价值如下：2×17 年 1 月 1 日为 9 元；2×17 年 12 月 31 日为 10 元；2×18 年 12 月 31 日为 12 元；2×19 年 10 月 20 日为 11 元。本题不考虑税费和其他因素。

【要求】

(1)计算股权激励计划的实施对甲公司 2×17 年度和 2×18 年度财务报表的影响，并编制相关会计分录。

(2)计算股权激励计划的取消对甲公司 2×19 年度财务报表的影响，并编制相关会计分录。

【解析】

(1)计算股权激励计划的实施对甲公司 2×17 年度和 2×18 年度财务报表的影响，并编制相关会计分录。

股票期权属于权益结算的股份支付。该类股份支付，应当按照授予日权益工具的公允价值计入成本费用和资本公积(其他资本公积),不确认其后续公允价值变动;在可行权之后不再对已确认的成本费用和所有者权益总额进行调整。

①2×17 年年末,确认管理费用。

股权激励计划的实施对甲公司 2×17 年度财务报表影响 = (50 - 2) × 9 × 1/2 × 1 = 216(万元),同时确认应付职工薪酬与管理费用 216 万元。其会计分录如下:

借:管理费用　　216

　　贷:资本公积——其他资本公积　　216

②2×18 年年末,确认管理费用。

由于 2×18 年未达到可行权条件,估计 2×19 年可行权,等待期改为 3 年,则股权激励计划的实施对甲公司 2×18 年度财务报表的影响 = (50 - 3 - 4) × 9 × 2/3 × 1 - 216 = 42(万元)。

其会计分录如下:

借:管理费用　　42

　　贷:资本公积——其他资本公积　　42

(2)计算股权激励计划的取消对甲公司 2×19 年度财务报表的影响,并编制相关会计分录。

①加速行权的会计处理。

股权激励计划取消,作为加速可行权处理,立即确认原本在剩余等待期内确认的金额 = (50 - 3 - 1) × 9 × 3/3 × 1 - 216 - 42 = 156(万元)。

2×19 年年末,其会计分录如下:

借:管理费用　　156(加速确认剩余期间的管理费用)

　　贷:资本公积——其他资本公积　　156

资本公积(其他资本公积)余额 = (50 - 3 - 1) × 9 × 3/3 = 414(万元)

②确认款项支付。

同时支付补偿款项 500 万元,股权激励计划的公允价值 = (50 - 3 - 1) × 11 = 506(万元)。此处,支付补偿小于股权激励计划的公允价值,按权益性交易原则,不计管理费用,所有差额挤入到资本公积(股本溢价)。其会计分录为:

借:资本公积——其他资本公积　　414

　　　　　——股本溢价　　86

　　贷:银行存款　　500

如果支付补偿大于激励计划的公允价值,则其差额计入管理费用。

第 15 题（编号:CPA－KJ－YT41－15）

建造服务合同(亏损合同)

甲建筑公司与乙公司签订一项总金额为 100 万元的固定造价合同,该合同不可撤销。甲公司负责工程的施工及全面管理,预计可能发生的工程总成本为 90 万元,该工程于 2×18 年 1 月开工,预计 2×21 年 10 月完工,按照合同约定,工程质保金 5 万元需等到乙公司于 2×22 年底保证期结束且未发生重大质量问题方能收款。乙公司按照第三方工程监理公司确认的工程完工量,每年与甲公司结算一次。

2×19 年末,由于材料价格上涨等因素,甲公司将预计工程总成本调整为 110 万元。

2×20 年末,由于材料价格继续上涨等因素,甲公司根据工程最新情况将预计工程总成本调整为 120 万元。

假定该建造工程整体构成单项履约义务,并属于在某一时段内履行的履约义务,该公司采用成本法确定履约进度,不考虑其他相关因素。该合同的有关资料如表 15－1 所示。

表 15—1　　建造合同成本及其价款结算表　　单位:万元

项　目	2×18 年	2×19 年	2×20 年	2×21 年	2×22 年
年末累计实际发生成本	27	55	96	120	－
年末预计完成合同尚需发生成本	63	55	24	－	－
本期结算合同价款	35	21	24	15	5
本期实际收到合同价款	32	20	28	15	5

上述价款均为不含税价款,不考虑相关税费的影响。

【要求】

为甲公司编制相应的会计分录。

【解析】

相关数据计算如表 15－2 所示。

表 15—2　　建造合同收入、成本及其预计负债计算表　　单位:万元

项　目	2×18 年	2×19 年	2×20 年	2×21 年	2×22 年
年末累计实际发生成本	27	55	96	120	-
预计总成本	90	110	120		
完工比例	27/90 = 30%	55/110 = 50%	96/120 = 80%	100%	
累计合同收入(按完工百分比)	30	50	80	100	
合同收入	30	50 - 30 = 20	80 - 50 = 30	20	
合同成本	27	28	41	24	
收入和成本确认影响的当期毛利	3	-8	-11	-4	
预计负债影响的当期毛利		-5	+1	+4	
确认的当期毛利	3	-13	-10	0	
累计毛利	3	-10	-20	-20	
本期结算合同价款	35	21	24	15	5
合同结算——价款结算(累计)	35	56	80	95	
合同结算——收入结转(累计)	30	50	80	100	
年末合同负债余额	5	6	0	-5	0
本期实际收到合同价款	32	20	28	15	5
累计收到合同价款	32	52	80	95	
期末应收账款余额	3	4	0	0	

(1)2×18 年甲公司账务处理。

①归集实际发生的合同成本。

借:合同履约成本　27

　　贷:原材料、应付职工薪酬等　27

②确认计量当年的收入并结转成本。

合同履约进度 = 27/90 = 30%

本期合同收入 = 100×30% = 30(万元)

借:合同结算——收入结转　30

　　贷:主营业务收入　30

借:主营业务成本　27

　　贷:合同履约成本　27

③结算合同价款。

借:应收账款　　35

　　贷:合同结算——价款结算　　35

④实际收到合同价款。

借:银行存款　　32

　　贷:应收账款　　32

⑤列报。

2×18 年 12 月 31 日,“合同结算”科目的余额为贷方 5 万元(35－30),表明甲公司已经与乙公司结算但尚未履行履约义务的金额为 5 万元,该部分履约义务预计将在 2×19 年内完成,因此,应在资产负债表中作为合同负债列示。

【服务号“老汤煲会计”提示】

会计处理可分为“三条线”进行确认和计算:

第一,累计确认毛利＝累计收入－累计成本＝合同毛利×累计完工百分比＝30－27＝(100－90)×30%＝3(万元)。

第二,如果是亏损合同,预计负债余额＝合同亏损总额×(1－完工百分比);第一年年底,该合同为盈利合同,预计负债余额＝0(万元)。

第三,年末累计合同负债＝累计合同价款结算－累计收入结转＝累计合同价款结算－合同价×完工百分比＝35－30＝5(万元)。

(2)2×19 年甲公司账务处理。

①归集实际发生的合同成本。

借:合同履约成本　　28

　　贷:原材料、应付职工薪酬等　　28

②确认计量当年的收入并结转成本,同时,确认合同预计损失。

合同履约进度＝55/110＝50%

本期合同收入＝100×50%－30＝20(万元)

借:合同结算——收入结转　　20

　　贷:主营业务收入　　20

借:主营业务成本　　28

　　贷:合同履约成本　　28

预计负债＝(110－100)×(1－50%)＝5(万元)

在 2×19 年底,由于该合同预计总成本(110 万元)大于合同总收入(100 万元),预计发生损失总额为 10 万元,由于其中 5 万元(10×50%)已经反映在损益中,因此,应将剩余的、为完成工程将发生的预计损失 5 万元确认为当期损失,同时确认预计负债。

借:主营业务成本 5

　　贷:预计负债 5

③结算合同价款。

借:应收账款 21

　　贷:合同结算——价款结算 21

④实际收到合同价款。

借:银行存款 20

　　贷:应收账款 20

⑤列报。

2×19 年 12 月 31 日,“合同结算”科目的余额为贷方 6 万元(5+21−20),表明甲公司已经与乙公司结算但尚未履行履约义务的金额为 6 万元,该部分履约义务预计将在 2×20 年内完成,因此,应在资产负债表中作为合同负债列示。

【服务号“老汤煲会计”提示】

会计处理可分为“三条线”进行确认和计算:

第一,累计确认毛利=累计收入−累计成本=合同毛利×累计完工百分比=(100−110)×50%=−5(万元)。

第二,如果是亏损合同,预计负债余额=合同亏损总额×(1−完工百分比);第二年年底,该合同为亏损合同,预计负债余额=合同损失×(1−完工百分比)=10×(1−50%)=5(万元),预计负债的变化额=期末−期初=5−0=5(万元)。

第三,年末累计合同负债=累计合同价款结算−累计收入结转=累计合同价款结算−合同价×完工百分比=(35+21)−100×50%=56−50=6(万元)。

(3)2×20 年甲公司账务处理。

①归集实际发生的合同成本。

借:合同履约成本 41

　　贷:原材料、应付职工薪酬等 41

②确认计量当年的收入并结转成本,同时调整合同预计损失。

合同履约进度=96/120=80%

本期合同收入=100×80%−50=30(万元)

借:合同结算——收入结转 30

　　贷:主营业务收入 30

借:主营业务成本 41

　　贷:合同履约成本 41

预计负债=(120−100)×(1−80%)=4(万元)

在 2×19 年底,由于该合同预计总成本(120 万元)大于合同总收入(100 万元),预计发生损失总额为 20 万元,由于其中 16 万元(20×80%)已经反映在损益中,因此预计负债应有的余额为 4 万元(20－16),本期应转回预计负债 1 万元(4－5)。

借:预计负债　　1

　贷:主营业务成本　　1

③结算合同价款。

借:应收账款　　24

　贷:合同结算——价款结算　　24

④实际收到合同价款。

借:银行存款　　28

　贷:应收账款　　28

⑤列报。

2×20 年 12 月 31 日,“合同结算”科目的余额为 0 万元(6＋24－30),无需在资产负债表中列示。

【服务号“老汤煲会计”提示】

会计处理可分为“三条线”进行确认和计算:

第一,累计确认毛利＝累计收入－累计成本＝合同毛利×累计完工百分比＝(100－120)×80%＝－16(万元)。

第二,如果是亏损合同,预计负债余额＝合同亏损总额×(1－完工百分比);第三年年底,该合同为亏损合同,预计负债余额＝合同损失×(1－完工百分比)＝20×(1－80%)＝4(万元),预计负债的变化额＝期末－期初＝4－5＝－1(万元)。

第三,年末累计合同负债＝累计合同价款结算－累计收入结转＝累计合同价款结算－合同价×完工百分比＝(35＋21＋24)－100×80%＝80－80＝0(万元)。

(4)2×21 年甲公司账务处理。

①归集实际发生的合同成本。

借:合同履约成本　　24

　贷:原材料、应付职工薪酬等　　24

②确认计量当年的收入并结转成本,同时结转计提的合同损失。

合同履约进度＝120/120＝100%

本期合同收入＝100×100%－80＝20(万元)

借:合同结算——收入结转　　20

　贷:主营业务收入　　20

借:主营业务成本 24
　　贷:合同履约成本 24
借:预计负债 4
　　贷:主营业务成本 4

③结算合同价款。

借:应收账款 15
　　贷:合同结算——价款结算 15

④实际收到合同价款。

借:银行存款 15
　　贷:应收账款 15

⑤列报。

2×21年10月,“合同结算”科目的余额为借方5万元(20－15),是工程质保金,需等到乙公司于2×22年底保质期结束且未发生重大质量问题后方能收款,应当在资产负债表中作为合同资产列示。

【服务号“老汤煲会计”提示】

会计处理可分为“三条线”进行确认和计算:

第一,累计确认毛利＝累计收入－累计成本＝合同毛利×累计完工百分比＝(100－120)×100%＝－20(万元)。

第二,如果是亏损合同,预计负债余额＝合同亏损总额×(1－完工百分比);第四年年底,该合同为亏损合同,预计负债余额＝合同损失×(1－完工百分比)＝20×(1－100%)＝0(万元),预计负债的变化额＝期末－期初＝0－4＝－4(万元)。

第三,年末累计合同负债＝累计合同价款结算－累计收入结转＝累计合同价款结算－合同价×完工百分比＝(35＋21＋24＋15)－100×100%＝95－100＝－5(万元)(合同资产)。

(5)2×22年甲公司会计处理。

①保质期结束且未发生重大质量问题,确认应收账款。

借:应收账款 5
　　贷:合同结算——价款结算 5

②实际收到合同价款。

借:银行存款 5
　　贷:应收账款 5

第 16 题（编号:CPA－KJ－YT41－16）

附有销售退回条款(客户支付退货费)

2×11 年 12 月 1 日,甲公司与乙公司订立一项合同,以每件 10 元的价格销售 100 万件(总对价 1 000 万元)A 产品。甲公司就每件 A 产品所发生的成本为 6 元。

2×11 年 12 月 20 日,甲公司将 A 产品交付给乙公司。当日,乙公司取得对 A 产品的控制,并支付总对价 1 130 万元。甲公司以往的商业惯例允许乙公司在 30 天内退回任何未使用的 A 产品并按约定获得退款,乙公司按售价的 10%向甲公司支付退货费。根据乙公司以往退货的经验,甲公司估计将有 3 万件 A 产品会退回,即退货率为 3%。

另外,甲公司估计收回 A 产品所发生的成本每件 1 元,由甲公司承担,且预计被退回的 A 产品可按高于成本的价格重新出售。甲公司的增值税税率为 13%。假定 A 产品发出时控制权转移给乙公司。

2×11 年 12 月 31 日,根据最新市场情况,甲公司估计将会有 4 万件 A 产品会退回,即重新估计的退货率为 4%。另外,甲公司估计收回 A 产品所发生的成本每件 1.2 元,且由甲公司承担,且预计被退回的 A 产品市场销售价格 5.7 元/件。

【要求】

为甲公司编制相关的会计分录。

【解析】

(1)在 2×11 年 12 月 20 日,甲公司将 A 产品交付给乙公司时,应确认的交易价格为 973 万元,对预计将被退回的 3 万件 A 产品不确认收入。

①计算预计负债和主营业务收入。

● 预计退货形成的预计负债为 27 万元(预计将被退回的 3 万件 A 产品,每件将退回 9 元);

● 主营业务收入为 973 万元(预计不会被退回的 97 万件 A 产品,每件 10 元;另预计退回商品将向客户收取的退货费为 3 万元。即:主营业务收入 = 收取的总价款 1 000 万元 － 预计负债 27 万元)。

②计算应收退货成本和主营业务成本。

● 应收退货成本为 15 万元[(6 － 1)元/件×3 万件 A 产品,反映甲公司在结算退款负债时向乙公司收回 A 产品的权利]；

● 主营业务成本为 585 万元(即:主营业务成本 = 所转让产品转让时的账面价值 600 万元 - 应收退货成本 15 万元)。

(2)2×11 年 12 月 20 日,甲公司的会计处理如下:

①确认收入和预计负债。

借:银行存款	1 130
贷:主营业务收入	973(97×10+3×1)
应交税费——应交增值税(销项税额)	130(100×10×13%)
预计负债——应付退货款	27(3×10-3×1)

②确认应收退货成本。

借:应收退货成本	15(3×6-3×1)
贷:库存商品	15

③结转成本。

借:主营业务成本	585(6×100-15)
贷:库存商品	585

(2)2×11 年 12 月 31 日,估计退货率为 4%,即预计额外退回 1 万件商品。

①重新估计预计负债。

重新估计的预计负债余额 = 4×(10-1) = 36(万元),已经确认的预计负债 = 27(万元),新确认的预计负债 = 9(万元)。

借:主营业务收入	9
贷:预计负债	9

②重新估计应收退货成本。

重新估计的应收退货成本余额 = (6 - 1.2 退货成本 - 0.3 价值减损)×4 = 18(万元),已经确认的应收退货成本余额 = 15(万元),新确认的应收退货成本增加额 = 3(万元)。

借:应收退货成本	3
贷:主营业务成本	3

第 17 题（编号:CPA－KJ－YT41－17）

存在预期不会被消费部分的储值卡

甲公司经营连锁面包店。2×18 年，甲公司向客户销售了 5 000 张储值卡，每张卡的面值为 200 元，总额为 1 000 000 元，有效期至 2×20 年 12 月 31 日。客户可在甲公司经营的任何一家门店使用该储值卡进行消费。根据历史经验，甲公司预期客户购买的储值卡中将有大约相当于储值卡面值金额 5％(即 50 000 元)的部分不会被消费。截至 2×18 年 12 月 31 日，客户使用该储值卡消费的金额为 400 000 元。

截至 2×19 年 12 月 31 日，客户累计使用该储值卡消费的金额为 600 000 元，甲公司预期客户购买的储值卡中将有大约相当于储值卡面值金额 4％(即 40 000 元)的部分不会被消费。甲公司为增值税一般纳税人，增值税率为 13％，在客户使用该储值卡消费时发生增值税纳税义务。

【要求】

为甲公司编制相关的会计分录。

【解析】

甲公司预期将有权获得与客户未行使的合同权利相关的金额，该金额应当按照客户行使合同权利的模式按比例确认为收入。

(1)甲公司销售储值卡时，将收到的现金作为负债，并分拆为:合同负债和应交税费(待转销项税额)。

合同负债＝1 000 000/1. 13＝884 955. 8(元)

应交税费(待转销项税额)＝1 000 000/1. 13×0. 13＝884 955. 8×0. 13＝115 044. 2(元)

借:库存现金	1 000 000	
贷:合同负债		884 955. 8
应交税费——待转销项税额		115 044. 2

(2)2×18 年 12 月 31 日，根据储值卡的消费金额确认收入，同时将对应的待转销项税额转为销项税额。

应交税费(待转销项税额转为销项税额)＝400 000/1. 13×0. 13＝46 017. 70(元)

按名义消费金额计算的收入＝400 000/1. 13＝353 982. 3(元)

考虑估计最终不会消费金额后应确认的收入(将收入“放大”)=353 982.3/0.95

=372 612.95(元)

借:合同负债 372 612.95

贷:主营业务收入 372 612.95

借:应交税费——待转销项税额 46 017.70

贷:应交税费——应交增值税(销项税额) 46 017.70

(3)2×19 年 12 月 31 日,根据储值卡的消费金额确认收入,同时将对应的待转销项税额转为销项税额。

应交税费(待转销项税额转为销项税额)=200 000/1.13×0.13=23 008.85(元)

按名义消费金额计算的累计收入=600 000/1.13=530 973.45(元)

考虑估计最终不会消费金额后应确认的累计收入(将收入“放大”)=530 973.45/0.96=553 097.34(元)

2×19 年应该确认的销售收入=553 097.34-372 612.95=180 484.39(元)

借:合同负债 180 484.39

贷:主营业务收入 180 484.39

借:应交税费——待转销项税额 23 008.85

贷:应交税费——应交增值税(销项税额) 23 008.85

第 18 题（编号:CPA－KJ－YT41－18）

具有融资性质分期收款的商品销售

2×16 年 12 月 31 日，甲公司与乙公司签订一份销售合同，合同约定：甲公司采用分期收款方式向乙公司销售生产设备一套，价款 4 000 万元，设备运抵当日收取货款 1 000 万元，其余款项分 3 次于每年末等额收取。该设备生产成本为 3 500 万元，在现销方式下，该生产设备的销售价格为 3 673 万元。2×16 年 12 月 31 日，甲公司将该设备运抵乙公司且经乙公司验收合格。

甲公司为增值税一般纳税人，适用的增值税率为 13%。(P/A,6%,3)＝2. 673 0。

【要求】

为甲公司编制销售商品相关的会计分录。

【解析】

(1)2×16 年 12 月 31 日，确认收入并结转成本。

甲公司应当确认的销售收入金额为 3 673 万元。

1 000×(P/A,6%,3)＝2 673，应用插值法，实际利率 6%。

借：银行存款　　　　1 130(1 000＋130)
　　长期应收款　　　　3 390(3 000＋390)
　　贷：主营业务收入　　　　3 673(市价或现值)
　　　　应交税费——应交增值税(销项税额)　　　　130
　　　　应交税费——待转销项税额　　　　390
　　　　未实现融资收益　　　　327(3 000－2 673)

借：主营业务成本　　　　3 500
　　贷：库存商品　　　　3 500

(2)2×17 年 12 月 31 日，确认财务费用和款项支付。

应确认的财务费用＝2 673×6%＝160. 38(万元)

借：银行存款　　　　1 130
　　贷：长期应收款　　　　1 130

借:应交税费——待转销项税　　130

　　贷:应交税费——应交增值税(销项税额)　　130

借:未实现融资收益　　160.38

　　贷:财务费用　　160.38(2 673×6%)

(3)2×18 年 12 月 31 日,确认财务费用和款项支付。

应确认的财务费用=(2 673+160.38-1 000)×6%=110(万元)

借:银行存款　　1 130

　　贷:长期应收款　　1130

借:应交税费——待转销项税额　　130

　　贷:应交税费——应交增值税(销项税额)　　130

借:未实现融资收益　　110

　　贷:财务费用　　110

(4)2×19 年 12 月 31 日,确认财务费用和款项支付。

应确认的财务费用=327-160.38-110=56.62(万元)

借:银行存款　　1 130

　　贷:长期应收款　　1 130

借:应交税费——待转销项税额　　130

　　贷:应交税费——应交增值税(销项税额)　　130

借:未实现融资收益　　56.62

　　贷:财务费用　　56.62

第 19 题（编号:CPA - KJ - YT41 - 19）

合同修改(额外产品的价格并未反映单独售价)

2×11 年 1 月 1 日,甲公司承诺以 100 万元(每件 10 元)的价格向乙公司出售 10 万件 A 产品,这 10 万件 A 产品将在 6 个月内转让给乙公司。在甲公司将 A 产品转移给乙公司的某一时点,乙公司即取得对 A 产品的控制。

2×11 年 3 月 30 日,甲公司将 4 万件 A 产品转移给了乙公司。

2×11 年 4 月 1 日,合同进行了修订,要求甲公司 7 月 15 日向乙公司额外交付 5 万件 A 产品(共计 15 万件相同的 A 产品),而最初订立的合同并未包含这额外的 5 万件 A 产品。

在就额外 5 万件 A 产品的购买进行协商的过程中,甲乙双方最初议定的价格为每件 A 产品 8 元。合同修订日,A 产品的市场价格为每件 12 元。但是,乙公司发现甲公司已交付的 4 万件 A 产品存在独有的瑕疵,甲公司承诺提供每件 A 产品 2.5 元的部分抵免以补偿已交付的 4 万件低质 A 产品对乙公司造成的损失。

甲公司和乙公司同意将 10 万元(2.5×4)的抵免额纳入甲公司就额外 5 万件 A 产品收取的价格。因此,修订后的合同规定额外 5 万件 A 产品的价格为 30 万元(即每件 A 产品 6 元)。

2×11 年 6 月 30 日,甲公司将 6 万件 A 产品转移给了乙公司。

2×11 年 7 月 15 日,甲公司向乙公司交付了剩余的 5 万件 A 产品。

A 产品是甲公司的主营产品,增值税税率为 13%,乙公司尚未支付相关货款。

【要求】

为甲公司编制相关会计分录。

【解析】

2×11 年 4 月 1 日,在合同作出修订时,甲公司将 10 万元的抵免额确认为交易价格的降低,并因而将其确认为最初转让的 4 万件 A 产品收入的减少。

对于额外的 5 万件 A 产品,合同修订日的市场价格为每件 12 元,而合同的议定价格为每件 8 元,因此,合同的议定价格并未反映额外 A 产品的单独售价,且拟交付的剩余 6 万件 A 产品与已转让的 4 万件 A 产品可明确区分,根据准则规定,甲公司应该将该合同修订作为原合同的终止及新合同的订立进行会计处理(“原合同修改 + 已转让商品终止”)。

因此，对每件剩余A产品确认的收入金额应为综合价格9.1元[（10×尚未根据原合同转让的6万件A产品+8×拟根据合同的修订转让的5万件A产品）÷11万件剩余A产品]。

相关会计分录如下：

（1）2×11年3月30日，按原合同每件10元的价格确认转让4万件A产品的收入。

借：应收账款　　45.2

　贷：主营业务收入　　40（4×10）

　　应交税费——应交增值税（销项税额）　　5.2

（2）2×11年4月1日，合同进行了修订，由于已转让商品与未转让商品可以明确区分，销售折让与已经转让的商品相关，按销售折让金额"退"已经确认的收入。

借：主营业务收入　　10

　应交税费——应交增值税（销项税额）　　1.3

　贷：应收账款　　11.3

（3）2×11年6月30日，按"原合同修改+已转让部分终止"每件9.1元的价格确认转让6万件A产品的收入。

借：应收账款　　61.698

　贷：主营业务收入　　54.6（6×9.1）

　　应交税费——应交增值税（销项税额）　　7.098

（4）2×11年7月15日，按"原合同修改+已转让部分终止"每件9.1元的价格确认转让剩余5万件A产品的收入。

借：应收账款　　51.415

　贷：主营业务收入　　45.5（5×9.1）

　　应交税费——应交增值税（销项税额）　　5.915

第 20 题（编号：CPA－KJ－YT41－20）

附有销售退回条款且退货率不可估计

甲公司为上市公司，在财务报表批准对外报出之前，内审部门在审核本公司 2×12 年度财务报表时，对以下交易或事项的会计处理提出质疑：

2×12 年 8 月 1 日，甲公司与丁公司签订产品销售合同。合同约定，甲公司向丁公司销售最近开发的 C 商品 1 000 件，售价（不含增值税）为 500 万元，增值税税额为 65 万元；甲公司于合同签订之日起 10 日内将所售 C 商品交付丁公司，丁公司于收到 C 商品当日支付全部款项；丁公司有权于收到 C 商品之日起 6 个月内无条件退还 C 商品。该批 C 商品的成本为 400 万元。由于 C 商品系初次销售，甲公司无法估计退货的可能性。

甲公司对上述交易或事项的会计处理为：

借：银行存款　　565

　　贷：主营业务收入　　500

　　　　应交税费——应交增值税（销项税额）　　65

借：主营业务成本　　400

　　贷：库存商品　　400

甲公司为增值税一般纳税人，适用的增值税税率为 13%。假设按净利润的 10%提取法定盈余公积，所得税税率为 25%。假定到目前为止，甲公司尚未完成 2×12 年度所得税汇算清缴。

【要求】

判断甲公司的会计处理是否正确，并说明理由；如果甲公司的会计处理不正确，编制更正甲公司 2×12 年度财务报表的会计分录。

【解析】

甲公司的会计处理不正确，属于资产负债表日后调整事项。

理由：附有销售退回条件的商品，如不能根据以往经验确定退回可能性，发出商品时风险和报酬未发生转移，即客户没有控制商品，不应确认收入和结转成本。

（1）编制有关项目的调整分录。

借:以前年度损益调整——营业收入　　500

　　贷:预计负债——应付退货款　　500

借:应收退货成本　　400

　　贷:以前年度损益调整——营业成本　　400

借:应交税费——应交所得税　　25(100×25%)

　　贷:以前年度损益调整——所得税费用　　25

借:盈余公积　　7.5(75×10%)

　　利润分配——未分配利润　　67.5

　　贷:以前年度损益调整　　75

(2)财务报表调整和重述。

①资产负债表项目的调整:

调增其他流动负债(预计负债)500万元,调增应交税费25万元,调增其他流动资产(应收退货成本)400万元;调减盈余公积7.5万元,调减未分配利润67.5万元。

②利润表项目的调整:

调减营业收入500万元,调减营业成本400万元,调减所得税费用25万元,调减净利润75万元。

③所有者权益变动表项目的调整:

调减盈余公积期末金额7.5万元,调减未分配利润期末金额67.5万元,调减所有者权益合计金额75万元。

第21题（编号:CPA－KJ－YT41－21）

销售收入

21.1　无法估计退货率且未收到款项的商品销售（编号:CPA－KJ－YT41－21－1）

2×18年1月1日，甲公司与乙公司签订合同，向其销售A产品。乙公司在合同开始日即取得了A产品的控制权，并在90天内有权退货。由于A产品是新推出的产品，甲公司尚无有关该产品退货率的历史数据，也没有其他可以参考的市场信息。该合同对价为242万元，根据合同约定，乙公司应于合同开始日后的第二年年末付款。A产品在合同开始日的现销价格为200万元，A产品的成本为160万元。退货期满后，未发生退货。假定应收款项在退货期满日的公允价值为204.83万元。

【要求】

为甲公司编制相关的会计分录并说明理由。

【解析】

(1)甲公司应在退货期满时确认收入。

理由：因客户有退货权，所以该合同的对价是可变的。由于甲公司缺乏有关退货情况的历史数据，考虑将可变对价计入交易价格的限制要求，在合同开始日不能将可变对价计入交易价格，因此，甲公司在A产品控制权转移时确认的收入为0；应当在退货期满后，根据实际退货情况，按照预期有权收取的对价金额确定交易价格。

(2)编制相关的会计分录。

①合同开始日，确认应收退货成本。

合同开始日，甲公司将A产品的控制权转移给乙公司，但是，甲公司无法确定有权收到的对价金额。

借：应收退货成本　　160

　　贷：库存商品　　160

②退货期满日，确认主营业务收入，并结转主营业务成本。

借：长期应收款　　242

　　贷：主营业务收入　　204.83

　　　　未实现融资收益　　37.17

借：主营业务成本　　160

　　贷：应收退货成本　　160

【服务号"老汤煲会计"提示】

根据合同订立时的市场价格，确定内含利率水平为10%，$200\times(1+r)^2=242$，则90天后应收账款的公允价值 $=200\times(1+10\%)^{0.25}=204.83$（万元）。

21.2　附有质量保证条款的销售（编号：CPA－KJ－YT41－21－2）

甲公司为一家设备生产和销售企业。甲公司与乙公司签订一项设备的销售合同，合同约定甲公司向乙公司销售一批设备，售价为100万元。甲公司承诺该批设备售出后1年内如出现非意外事件造成的故障或质量问题，甲公司免费负责保修（含零部件的更换），同时甲公司还向乙公司提供一项延保服务，即在法定保修期1年之外，延长保修期3年。该批设备和延保服务的单独标价分别为80万元和20万元。

甲公司根据以往经验估计在法定保修期（1年）内将发生的保修费用为10万元。该批设备的成本为70万元。合同签订当日，甲公司将该批设备交付给乙公司，同时乙公司向甲公司支付了100万元价款。假定不考虑相关税费及货币时间价值因素。

【要求】

为甲公司编制相关的会计分录。

【解析】

法定保修不作为合同负债，而作为或有负债进行会计处理。另外，本合同中有两项履约义务：一是设备的销售；二是延保服务。

(1)确认收入。

借：银行存款　　100

　　贷：主营业务收入　　80

　　　　合同负债　　20

(2)结转成本。

借：主营业务成本　　70

　　贷：库存商品　　70

(3)确认预计负债。

借：销售费用　　10

　　贷：预计负债　　10

甲公司确认的延保服务收费 20 万元，应当在延保期间根据延保服务进度确认为收入。

21.3 代理人（编号：CPA－KJ－YT41－21－3）

甲公司经营一家电商平台，平台商家自行负责商品的采购、定价、发货以及售后服务，甲公司仅提供平台供商家与消费者进行交易并负责协助商家和消费者结算货款，甲公司按照货款的 5％向商家收取佣金，并判断自己在商品买卖交易中是代理人。

2×18 年，甲公司向平台的消费者销售了 1 000 张不可退回的电子购物卡，每张卡的面值为 2 000 元，总额 200 万元。假设所得税税率为 25％，并且税法规定收到款项为基础计入当期应纳税所得额，不考虑其他因素。

【要求】

为甲公司编制相关的会计分录。

【解析】

(1)甲公司在商品买卖交易中为代理人，仅为商家和消费者提供平台及结算服务，并收取佣金，因此，甲公司销售电子购物卡收取的款项 200 万元中，分为两部分：

①仅佣金部分 10 万元（200×5％）代表甲公司已收客户（商家）对价，而应在未来消费者消费时作为代理人向商家提供代理服务的义务，应当确认合同负债。

②对于其余部分（即 190 万元），为甲公司代商家收取的款项，作为其他应付款，待未来消费者消费时支付给相应的商家。

(2)会计分录如下：

借：银行存款	200	
贷：合同负债		10
其他应付款		190
借：递延所得税资产	2.5（10×25％）	
贷：所得税费用		2.5

21.4 回购价格不低于原售价的商品销售（编号：CPA－KJ－YT41－21－4）

2×11 年 1 月 1 日，甲公司向乙公司销售一批商品，开出的增值税专用发票上注明的销售价款为 100 万元，增值税额为 13 万元。该批商品的成本为 70 万元，商品尚未发出，款项已经收到。协议约定，甲公司应于 5 月 31 日将所售商品购回，回购价为 110 万元（不含增值税额）。

5 月 31 日回购商品时，收到的增值税专用发票上注明的商品价格为 110 万元，增值税额为 14.3 万元。款项已经支付。

【要求】

为甲公司编制相关的会计分录。

【解析】

甲公司负有回购义务，乙公司未取得相关商品控制权，不满足销售收入确认的条件；另外，回购价格高于原售价，该回购交易应作为融资交易处理。

(1)2×11 年 1 月 1 日，确认因售后回购形成的负债。

借：银行存款 113

　　贷：短期借款 100

　　　　应交税费——应交增值税(销项税额) 13

(2)2×11 年 1 月至 5 月，每月末确认财务费用。

回购价大于原售价的差额 10 万元(110－100)，应在回购期间按期确认利息费用，计入当期财务费用。由于回购期间为 5 个月，货币时间价值影响不大，可以不考虑货币时间价值，每月计提利息费用＝10/5＝2(万元)。

借：财务费用 2

　　贷：短期借款 2

(3)2×11 年 5 月 31 日，偿还借款。

借：短期借款 110

　　应交税费——应交增值税(进项税额) 14.3

　　贷：银行存款 124.3

21.5　分期收款方式的销售商品(编号：CPA－KJ－YT41－21－5)

2×16 年 12 月 31 日，甲公司与丙公司签订了一份销售合同，约定甲公司采用分期收款方式向丙公司销售 B 设备 1 台，价款为 3 000 万元，分 6 次于以后的 3 年内等额收取(每半年末收款一次)。B 设备生产成本为 2 600 万元，在现销方式下，该设备的销售价格为 2 900 万元。2×16 年 12 月 31 日，甲公司将 B 设备运抵丙公司且经丙公司验收合格。甲公司在 2×16 年财务报表中确认收入 3 000 万元和结转已售商品成本 2 600 万元。

【要求】

说明甲公司的会计处理是否正确，并于当年末编制相应的更正分录。

【解析】

甲公司的会计处理不正确。

理由：该项业务系具有融资性质分期收款销售，应按现销价 2 900 万元确认收入。

长期应收款＝3 000(万元)，未实现融资收益＝3 000－2 900＝100(万元)。

借：主营业务收入 100

　　贷：未实现融资收益 100

根据插值法，500×(P/A，r，6)＝2 900，可以计算得到其内含利率＝0.977 3%×2
＝1.954 6%。

21.6　售后代管(编号:CPA－KJ－YT41－21－6)

2×16 年 10 月 1 日甲公司与乙公司签订了定制合同，为其生产制造一台大型设备，合同收入 2 000 万元，合同期限 2 个月。2×16 年 12 月 1 日生产完工并经乙公司验收合格，乙公司支付了 2 000 万元货款，该大型设备成本为 1 500 万元。由于乙公司的原因，该产品尚存放于甲公司。仓储 2 个月(2×16 年 12 月 1 日至 2×17 年 1 月 31 日)的市场价格为 40 万元。不考虑增值税等因素。

【要求】

说明甲公司的会计处理方法。

【解析】

本合同中有两项单项履约义务，分别为设备销售和仓储服务，必须按照各自的公允价值分摊交易价格，待转移商品而客户获得控制权时确认商品销售收入，仓储服务按期限分期确认服务收入。

2×16 年 12 月 1 日确认商品的主营业务收入＝2 000×2 000/(2 000＋40)＝1 960.78(万元)，并结转主营业务成本 1 500 万元。

2×16 年 12 月 1 日确认仓储服务对应的合同负债＝2 000×40/(2 000＋40)＝39.22(万元)，并于 2×16 年 12 月 31 日，将合同负债结转为其他业务收入，金额为 19.61 万元(39.22/2)。

21.7　固定对价和可变对价分摊至两项履约义务(编号:CPA－KJ－YT41－21－7)

甲公司与乙公司于 2×16 年 1 月 1 日订立一项针对两项办公软件(软件 X 和 Y)的合同，甲公司确定该合同代表两项履约义务，每项履约义务均在某一时点履行。办公软件 X 和 Y 的单独售价分别为 500 万元和 1 000 万元。

合同针对办公软件 X 所规定的价格为固定金额 600 万元，而针对办公软件 Y 所规定的对价则是乙公司销售使用了办公软件 Y 的未来销售额的 3%。在进行分摊时，甲公司估计其基于销售的软件使用费(即可变对价)为 800 万元。

甲公司在合同开始时转让软件 Y，并在一个月后转让软件 X。

【要求】

说明甲公司应如何进行会计处理。

【解析】

(1)确定履约义务。甲公司与乙公司签订的合同有两项履约义务，分别是销售软件 X 和软件 Y。

(2)确定交易价格。交易价格分为固定对价 600 万元和变动对价(未来销售额的 3%)。

(3)将交易价格分摊至各单项履约义务。

● 可变付款额虽然明确地与软件 Y 的履约义务的结果相关(即乙公司后续销售使用软件 Y),但是甲公司对基于销售的使用费的估计值 800 万元与软件 Y 的单独售价 1 000 万元有差异,且固定金额 600 万元与软件 X 的单独售价 500 万元有差异;

● X 软件分摊的交易价格:固定部分 = 600×500/1 500 = 200(万元),可变部分的 1/3;

● Y 软件分摊的交易价格:固定部分 = 600×1 000/1 500 = 400(万元),可变部分的 2/3。

(4)履行了履约义务时确认收入。

甲公司在合同开始时转让软件 Y,并在一个月后转让软件 X。

在转让软件 Y 时,确认收入 400 万元(固定对价),甲公司在发生后续销售时确认基于销售的 Y 软件使用费再行确认收入。

当转让软件 X 时,确认收入 200 万元(固定对价),甲公司在发生后续销售时确认基于销售的 Y 软件使用费再行确认收入。

21.8 具有融资成分的商品销售(编号:CPA－KJ－YT41－21－8)

2×17 年 1 月 1 日,甲公司与乙公司签订合同,向其销售一批产品。合同约定,该批产品将于 2 年之后交货。合同中包含两种可供选择的付款方式,即乙公司可以在 2×18 年 12 月 31 日交付产品时支付 121 万元,或者在合同签订时支付 100 万元。乙公司选择在合同签订时支付货款。该批产品的控制权在交货时转移。甲公司于 2×17 年 1 月 1 日收到乙公司支付的货款。假定融资费用不符合借款费用资本化的条件。

【要求】

(1)说明甲公司何时确认收入,并说明理由。

(2)编制 2×17 年 1 月 1 日甲公司收到货款、2×17 年 12 月 31 日确认融资成分的影响、2×18 年 12 月 31 日交付产品的会计分录。

【解析】

(1)甲公司确认收入的时点是 2×18 年 12 月 31 日。

理由:该批产品的控制权在交货时转移。

(2)商品销售相关的会计处理。

①2×17 年 1 月 1 日,确认收到货款。

$100\times(1+r)^2=121$,r = 10%。

借:银行存款　　100

　未确认融资费用　　21

　　贷:合同负债　　121

②2×17年12月31日,确认财务费用。

借:财务费用　　10(100×10%)

　　贷:未确认融资费用　　10

③2×18年12月31日,确认财务费用并确认收入。

借:财务费用　　11(110×10%)

　　贷:未确认融资费用　　11

借:合同负债　　121

　　贷:主营业务收入　　121

21.9 合同资产(编号:CPA—KJ—YT41—21—9)

2×18年5月1日,甲公司与乙公司签订合同,向其销售A、B两项商品,合同价款为400万元。合同约定,A商品于合同开始日交付,B商品在2×18年7月1日交付,只有当A、B两项商品全部交付之后,甲公司才有权收取400万元的合同对价。假定A商品和B商品构成两项履约义务,其控制权在交付时转移给客户,A商品和B商品的单独交易价格分别为120万元和480万元。2×18年7月15日,甲公司收到合同价款400万元。

【要求】

为甲公司编制相关的会计分录。

【解析】

(1)按照单独售价的比例,分别确定A和B的交易价格:

A商品分配的交易价格=400×120/(120+480)=80(万元)

B商品分配的交易价格=400×480/(120+480)=320(万元)

(2)甲公司将A商品交付给客户之后,不能确认应收账款。

理由:与A商品相关的履约义务已经履行,但是需要等到后续交付B商品时,企业才具有无条件收取合同对价的权利,因此,甲公司应当将因交付A商品而有权收取的对价80万元确认为合同资产,而不是应收账款。

(3)编制相关的会计分录。

①交付A商品时,甲公司确认合同资产和主营业务收入,并结转成本。

借:合同资产　　80

　　贷:主营业务收入　　80

②交付B商品时,甲公司确认与B商品相关的主营业务收入,并结转成本。

借:应收账款　　400

　　贷:合同资产　　80

　　　　主营业务收入　　320

21.10 估计有权收到的对价(编号:CPA－KJ－YT41－21－10)

2×19年10月,甲公司与零售商乙公司签订销售合同,约定甲公司向零售商乙公司销售1 000台产品,分批完工分批交货,每台价格为3 000元,合同价款合计300万元。甲公司向乙公司提供价格保护,同意在未来6个月内,如果同款产品售价下降,则按照合同价格与最低售价之间的差额向乙公司支付差价。甲公司根据以往执行类似合同的经验,预计各种结果发生的概率如表21－1所示。

表21－1　　产品降价及其概率表

未来6个月内的降价金额(元/台)	概率
0	40%
200	30%
500	20%
1 000	10%

上述价格均不包含增值税。合同签订日甲公司预收全部合同价款的20%。至2×19年年末确定履约进度为100台,每台的成本为2 000元。

【要求】

为甲公司编制相关的会计分录。

【解析】

(1)为更好地预测甲公司有权获取的对价金额,甲公司应采用期望值法估计每台产品的交易价格 =[(3 000－0)×40%+(3 000－200)×30%+(3 000－500)×20%+(3 000－1 000)×10%]=2 740(元/台),销售100台对应的交易价格=100×2 740/10 000=27.4(万元)。

(2)编制相关的会计分录。

①确认收到的款项。

借:银行存款　　60(300×20%)

　　贷:合同负债　　60

②确定库存商品成本。

借:库存商品　　20

　　贷:原材料、应付职工薪酬、制造费用等　　20

③确认收入并结转成本。

借:合同负债　　27.4

　　贷:主营业务收入　　27.4

借:主营业务成本　　20

　　贷:库存商品　　20

第 22 题（编号:CPA－KJ－YT41－22）

与资产相关的政府补助及其所得税

按照国家有关政策，企业购置环保设备可以申请补贴以补偿其环保支出。甲企业于 2×17 年 10 月向政府有关部门提交了 20 万元的补助申请，作为对其购置环保设备的补贴。2×17 年 11 月，甲企业收到了政府补贴款 20 万元。2×17 年 12 月，甲企业购入不需安装环保设备，实际成本为 100 万元，预计使用寿命 10 年，税法规定折旧年限为 5 年，采用直线法计提折旧，并且无残值。甲企业采用净额法进行会计处理，甲企业 2×18 年利润为 300 万元。假设与资产相关的政府补助满足免税条件。

【要求】

(1)编制 2×17 年 11 月收到政府补贴以及 2×17 年 12 月购入环保设备相关的会计分录。

(2)确认截至 2×18 年 12 月 31 日环保设备的账面价值与计税基础，并说明是否应确认相关的递延所得税资产或负债及其理由。

(3)计算甲企业 2×18 年应交所得税，并编制甲企业 2×18 年与所得税费用相关的会计分录。

【解析】

(1)购买设备并获得政府补助。

①2×17 年 11 月，甲企业收到了政府补贴款。

借:银行存款　　20

　　贷:递延收益　　20

②2×17 年 12 月，甲企业购入不需安装环保设备(净额法)。

借:固定资产　　100

　　贷:银行存款　　100

借:递延收益　　20

　　贷:固定资产　　20

(2)确定所得税。

①2×18 年 12 月 31 环保设备的账面价值 = 80 - 80/10 = 72（万元），计税基础 = 100 - 100/5 = 80（万元），其中由于税法与会计折旧年限不一致造成的暂时性差异 = (100 - 100/10) - (100 - 100/5) = 10，应确认递延所得税负债 = 10×25% = 2.5（万元）；

②甲企业 2×18 年应纳税所得额 = 300（利润总额）+（100/10 - 100/5）（折旧年限不同形成的暂时性差异）- 20/10（相当于政府补助形成的“永久性差异”）= 288（万元）；

③应交所得税 = 288×25% = 72（万元）；

④所得税费用 = 应纳税所得额×适用税率 + 递延所得税负债 = 288×25% + 10×25% = 会计利润×适用税率 - 永久性差异×适用税率 = 300×25% - 2×25% = 74.5（万元）。

会计分录如下：

借：所得税费用	74.5	
贷：应交税费——应交所得税		72
递延所得税负债		2.5

【服务号“老汤煲会计”提示】

第一步，直接计算递延所得税负债 = (100/5 - 100/10)×25% = 10×25% = 2.5（万元）。

第二步，计算应交所得税 = (300 - 10 - 20/10)×25% = 72（万元）。

第三步，直接得到所得税费用 = 应交所得税 + 递延所得税负债 = (300 - 20/10)×25% = 300×25% - 2×25%（永久性差异）。此时，“永久性差异”是由于政府补助 20 万元按企业 10 年折旧所产生的影响 = 20/10 = 2（万元），此部分差异不用交税，将会同时减少所得税费用和应交所得税。

第 23 题（编号:CPA－KJ－YT41－23）

特定业务的政府补助

23.1 财政将贴息资金拨付给贷款银行（编号:CPA－KJ－YT41－23－1）

2×19 年 1 月 1 日，甲企业向银行贷款 1 000 万元，期限为 3 年，按年计息，次年 1 月 1 日付息，到期一次还本。由于这笔贷款资金将被用于国家扶持产业，符合财政贴息的条件，所以贷款利率显著低于甲企业取得同类贷款的市场利率。

假设甲企业取得同类贷款的年市场利率为 12%，甲企业与银行签订的贷款合同约定的年利率为 10%，甲企业按年向银行支付贷款利息，财政按年向银行拨付贴息资金。

贴息后实际支付的年利率为 10%，贷款期间的利息费用满足资本化条件，计入相关在建工程的成本。

(P/A，12%，3) = 2.401 8；(P/F，12%，3) = 0.711 8

【要求】

为甲企业编制相关的会计分录。

【解析】

方法一：按实际收到的金额作为借款的入账价值。

(1)2×19 年 1 月 1 日，甲企业取得银行贷款 1 000 万元。

借：银行存款　　1 000

　　贷：长期借款——本金　　1 000

(2)2×19 年 12 月 31 日，每年年末计提利息，企业实际承担的利息支出 = 1 000×10% = 100(万元)。

借：在建工程　　100

　　贷：应付利息　　100

方法二：按借款的公允价值作为借款的入账价值。

(1)2×19 年 1 月 1 日，丙企业取得银行贷款 1 000 万元。

借款的公允价值 = 1 000×10%×(P/A，12%，3) + 1 000×(P/F，12%，3) = 100×2.401 8 + 1 000×0.711 8 = 951.98(万元)

递延收益金额 = 1 000 − 951.98 = 48.02(万元)

借:银行存款　　1 000
　长期借款——利息调整　　48.02
　贷:长期借款——本金　　1 000
　　递延收益　　48.02

(2)2×19 年 12 月 31 日,每年年末计提利息。

借款费用 = 951.98 × 12% = 114.24(万元)

摊销额 = 114.24 − 1 000 × 10% = 14.24(万元)

借:在建工程　　114.24
　贷:应付利息　　100
　　长期借款——利息调整　　14.24

同时,摊销递延收益:

借:递延收益　　14.24
　贷:在建工程　　14.24

23.2　财政将贴息资金拨付给受益企业(编号:CPA－KJ－YT41－23－2)

2×19 年 1 月 1 日,甲企业向银行贷款 1 000 万元,期限为 3 年,按年计息,次年 1 月 1 日付息,到期一次还本。由于这笔贷款资金将被用于国家扶持产业,符合财政贴息的条件。

假设甲企业取得同类贷款的年市场利率为 12%,甲企业与银行签订的贷款合同约定的年利率为 12%,甲企业按年向银行支付贷款利息,财政按年向企业拨付贴息资金。

贴息后实际支付的年利率为 10%,贷款期间的利息费用满足资本化条件,计入相关在建工程的成本。

(P/A,12%,3) = 2.401 8;(P/F,12%,3) = 0.711 8

【要求】

为甲企业编制相关的会计分录。

【解析】

按实际收到的金额作为借款的入账价值。

(1)2×19 年 1 月 1 日,甲企业取得银行贷款 1 000 万元。

借:银行存款　　1 000
　贷:长期借款——本金　　1 000

(2)2×19 年 12 月 31 日,确认利息费用和在建工程成本。

①确认应付银行的利息,并计入在建工程的成本。

借:在建工程　　120

　　贷:应付利息　　120

②确认应收政府贴息,并冲减在建工程的成本。

借:其他应收款　　20

　　贷:在建工程　　20

23.3　综合性项目政府补助(编号:CPA—KJ—YT41—23—3)

2×13 年 6 月 15 日,某市科技创新委员会与乙企业签订了科技计划项目合同书,拟对乙企业的新药临床研究项目提供研究补助资金。该项目总预算为 600 万元,其中,市科技创新委员会资助 200 万元,乙企业自筹 400 万元。政府资助的 200 万元用于补助设备费 60 万元,材料费 15 万元,测试化验加工费 95 万元,差旅费 10 万元,会议费 5 万元,专家咨询费 8 万元,管理费用 7 万元,本例中除设备费外的其他各项费用都计入研究支出。

市科技创新委员会应当在合同签订之日起 30 日内将资金拨付给乙企业。根据双方约定,乙企业应当按合同规定的开支范围,对市科技创新委员会资助的经费实行专款专用。项目实施期限为自合同签订之日起 30 个月,期满后乙企业如未通过验收,在该项目实施期满后 3 年内不得再向市政府申请科技补贴资金。

乙企业于 2×13 年 7 月 10 日收到补助资金,在项目期内按照合同约定的用途使用了补助资金,其中,乙企业于 2×13 年 7 月 25 日按项目合同书的约定购置了相关设备,设备成本 150 万元,其中使用补助资金 60 万元,该设备使用年限为 10 年,采用直线法计提折旧(不考虑净残值)。假设本例中不考虑相关税费。

【要求】

为乙企业编制相关的会计分录。

【解析】

乙企业收到的政府补助是综合性项目政府补助,需要区分与资产相关的政府补助和与收益相关的政府补助并分别进行处理,假设乙企业对收到的与资产相关的政府补助选择净额法进行会计处理。乙企业的账务处理如下:

(1)2×13 年 7 月 10 日乙企业实际收到补贴资金。

借:银行存款　　200

　　贷:递延收益　　200

(2)2×13 年 7 月 25 日购入设备。

借:固定资产　　150

　　贷:银行存款　　150

借:递延收益　　60

　　贷:固定资产　　60

(3)自 2×13 年 8 月起每个资产负债表日(月末)计提折旧,折旧费用计入研发支出。

借:研发支出　　0.75

　　贷:累计折旧　　0.75

(4)对与收益相关的政府补助,乙企业按规定用途实际使用补助资金时计入损益或者按照当期期末累计支出占预计支出的比例计入损益,借记“递延收益”科目,贷记有关损益科目:如果采用总额法,贷记“其他收益”;如果采用净额法,贷记相关成本或费用类科目。对于即征即退的增值税,只能采用总额法,贷记“其他收益”。

第24题（编号:CPA-KJ-YT41-24）

所得税

24.1 与固定资产相关的所得税（编号:CPA—KJ—YT41—24—1）

甲公司适用的企业所得税税率为25%，经当地税务机关批准，甲公司自2×11年2月取得第一笔生产经营收入所属纳税年度起，享受“三免三减半”的税收优惠政策，即2×11年至2×13年免交企业所得税，2×14年至2×16年减半。

甲公司2×13年至2×17年有关会计处理与税收处理不一致的有一事项：2×12年12月10日，甲公司购入一台不需要安装即可投入使用的行政管理用A设备，成本6 000万元，该设备采用年数总和法计提折旧，预计使用5年，预计无净残值。税法规定，固定资产按照年限平均法计提的折旧准予在税前扣除。假定税法规定的A设备预计使用年限及净残值与会计规定相同。2×13年至2×17年各年末，甲公司均有确凿证据表明未来期间很可能获得足够的应纳税所得额用来抵扣可抵扣暂时性差异。

【要求】

(1)分别计算甲公司2×13年至2×17年各年A设备应计提的折旧，并填写完成表24-1。

表24—1　　A设备账面价值、计税基础及暂时性差异表　　单位:万元

项　目	2×13年 12月31日	2×14年 12月31日	2×15年 12月31日	2×16年 12月31日	2×17年 12月31日
账面价值					
计税基础					
暂时性差异					
适用税率					

(2)分别编制与甲公司2×13年至2×17年各年A设备相关的会计分录。

【解析】

(1)甲公司2×13年至2×17年各年A设备应计提的折旧计算过程如下:(要写出折旧的

计算过程，否则此部分不得分！）

①2×13 年会计上的折旧额 = 6 000×[5/(1+2+3+4+5)] = 2 000（万元）

②2×14 年会计上的折旧额 = 6 000×[4/(1+2+3+4+5)] = 1 600（万元）

③2×15 年会计上的折旧额 = 6 000×[3/(1+2+3+4+5)] = 1 200（万元）

④2×16 年会计上的折旧额 = 6 000×[2/(1+2+3+4+5)] = 800（万元）

⑤2×17 年会计上的折旧额 = 6 000×[1/(1+2+3+4+5)] = 400（万元）

表 24—1　　A 设备账面价值、计税基础及暂时性差异表　　单位：万元

项　目	2×13 年 12 月 31 日	2×14 年 12 月 31 日	2×15 年 12 月 31 日	2×16 年 12 月 31 日	2×17 年 12 月 31 日
账面价值	4 000	2 400	1 200	400	0
计税基础	4 800	3 600	2 400	1 200	0
暂时性差异	800	1 200	1 200	800	0
适用税率	0%	12.5%	12.5%	12.5%	25%

(2)分别编制与甲公司 2×13 年至 2×17 年各年 A 设备相关的会计分录。

①2×13 年 12 月 31 日，2×13 年的会计折旧为 2 000 万元。

借：管理费用　　2 000

　　贷：累计折旧　　2 000

借：递延所得税资产　　150（400×12.5% + 400×25%）

　　贷：所得税费用　　150

递延所得税资产余额 = 400×12.5%（2×16 年暂时性差异转回时的适用税率）+ 400×25%（2×17 年暂时性差异转回时的适用税率）= 150（万元）

②2×14 年 12 月 31 日，当年折旧为 1 600 万元。

借：管理费用　　1 600

　　贷：累计折旧　　1 600

借：递延所得税资产　　100（400×25%）

　　贷：所得税费用　　100

递延所得税资产余额 = 400×12.5% + 800×25% = 250（万元）

本期递延所得税资产发生额 = 250 − 150 = 100（万元）

③2×15 年 12 月 31 日，当年折旧为 1 200 万元。

借：管理费用　　1 200

　　贷：累计折旧　　1 200

递延所得税资产余额 = 400×12.5% + 800×25% = 250（万元）

本期递延所得税资产发生额=0(万元)

④2×16 年 12 月 31 日，当年折旧为 800 万元。

借：管理费用　　800
　　贷：累计折旧　　800
借：所得税费用　　50(400×12.5%)
　　贷：递延所得税资产　　50

递延所得税资产余额=800×25%=200(万元)

本期递延所得税资产发生额=200-250=-50(万元)，递延所得税=50(万元)。

⑤2×17 年 12 月 31 日，当年折旧为 400 万元。

借：管理费用　　400
　　贷：累计折旧　　400
借：所得税费用　　200(800×25%)
　　贷：递延所得税资产　　200

递延所得税资产余额=0(万元)

本期递延所得税资产发生额=0-200=-200(万元)，递延所得税为 200 万元。

24.2　与“三新”开发形成无形资产相关的所得税(编号：CPA—KJ—YT41—24—2)

甲公司 2×15 年发生研发支出 800 万元，按照会计准则规定全部资本化形成了无形资产，该研发形成的无形资产于 2×16 年 1 月 1 日达到预定用途，预计可使用 10 年，采用直线法摊销，预计无残值。

税法规定，企业为开发新技术、新产品、新工艺发生的研究开发费用，未形成资产计入当期损益的，在据实扣除的基础上，按照研发费用的 75%加计扣除；形成资产的，未来期间按照无形资产摊销金额的 175%予以税前扣除，该无形资产摊销年限税法规定为 8 年，摊销方法、净残值的税法规定与会计处理相同。甲公司 2×15 年利润总额为 300 万元。

其他有关资料：甲公司适用的所得税税率为 25%，甲公司 2×15 年年初递延所得税资产与负债的余额为零，且不存在未确认递延所得税负债或资产的暂时性差异。

【要求】

(1)确认截至 2×16 年 12 月 31 日无形资产的账面价值与计税基础，并说明是否应确认相关的递延所得税资产或负债及其理由。

(2)计算甲公司 2×16 年应交所得税，并编制甲公司 2×16 年与所得税费用相关的会计分录。

【解析】

(1)无形资产的账面价值 = 800 - 800/10 = 720(万元),计税基础 = 800 - 800/8 + (600 - 600/8) = 1225(万元),其中由于税法和会计上折旧年限造成应纳税暂时性差异(800 - 800/10) - (800 - 800/8) = 20(万元),应确认递延所得税负债 = 20×25% = 5(万元)。

由无形资产加计扣除因素所形成的可抵扣暂时性差异 = 600 - 600/8 = 525(万元),但甲公司不应确认递延所得税资产。因为该项无形资产交易不是企业合并,并且交易发生时既不影响会计利润也不影响应纳税所得额,属于不确认递延所得税资产的特殊事项。

(2)甲公司 2×16 年应纳税所得额。

①应纳税所得额 = 300(利润总额) + (800/10 - 800/8)(折旧年限不同造成的暂时性差异) - 800/8×75%(内部研究开发形成的无形资产按照税法规定加计摊销产生的暂时性差异) = 300 - 20 - 75 = 205(万元)

②应交所得税 = 205×25% = 51.25(万元)

③所得税费用 = 应交所得税 + 递延所得税 = 205×25% + 20×25% = 51.25 + 5 = 56.25(万元)

④所得税费用 = 应纳税所得额×适用税率 + 递延所得税 = 205×25% + 20×25% = 会计利润×适用税率 - 加计摊销的暂时性差异(类似永久性差异)×适用税率 = 300×25% - 800/8×75%×25% = 75 - 18.75 = 56.25(万元)

⑤会计分录如下:

借:所得税费用	56.25	
贷:应交税费——应交所得税		51.25
递延所得税负债		5

【服务号"老汤煲会计"提示】

第一步,直接计算递延所得税负债 = (800/8 - 800/10)×25% = 20×25% = 5(万元)。

第二步,计算应交所得税 = (300 + 800/10 - 800/8 - 800×75%/8)×25% = 51.25(万元)。

第三步,直接得到所得税费用 = 应交所得税 + 递延所得税 = (300 - 800×75%/8)×25% = 300×25% - 75×25%(类似永久性差异)。此时,永久性差异是税法规定的加计摊销 600 万元,按税法 8 年折旧所产生的影响 = 600/8 = 75(万元),已经交税,将会同时减少所得税费用和应交所得税。

24.3 与其他债权投资相关的所得税(编号:CPA－KJ－YT41－24－3)

甲公司适用的所得税税率为 25%,假定甲公司在未来期间能够产生足够的应纳税所得额用以利用可抵扣暂时性差异的所得税影响。2×12 年度的会计利润为 100 万元。

2×12 年 1 月 1 日,甲公司支付价款 1 051.54 万元自证券市场购入乙公司发行的三年期债券，债券的面值为 1 000 万元，票面利率为 10%，每年年末支付当期利息。甲公司将其分类为其他债权投资。2×12 年 12 月 31 日，债券的公允价为 1 045.66 万元。当年年末预期信用损失为 8 万元。

假定税法规定，该资产持有期间公允价值变动金额和信用减值损失不计入应纳税所得额，并且税法按会计计算的利息收入计税。假定除以上交易或事项，无其他纳税调整。

【要求】

编制 2×12 年与该其他债权投资相关的会计分录。

【解析】

(1)2×12 年 1 月 1 日，确认其他债权投资。

借：其他债权投资——面值　1 000
　　　　　　　　——利息调整　51.54
　贷：银行存款　1 051.54

按插值法，其实际利率为 8%。

(2)2×12 年 12 月 31 日，确认其他债权投资的投资收益(利息收入)。

借：银行存款　100
　其他债权投资——利息调整　15.88
　贷：投资收益　84.12(1051.54×8%)

(3)2×12 年 12 月 31 日，确认其他债权投资公允价值变动及其递延税。

当年年末其他债权投资的账面价值 = 1 051.54 + 84.12 − 100 = 1 035.66(万元)

公允价值变动为 10 万元(1 045.66 − 1 035.66)，计入其他综合收益。

借：其他债权投资——公允价值变动　10
　贷：其他综合收益——其他债权投资公允价值变动　10

借：其他综合收益——其他债权投资公允价值变动　2.5(10×25%)
　贷：递延所得税负债　2.5

(4)2×12 年 12 月 31 日，确认其他债权投资信用减值损失及其递延税。

借：信用减值损失　8
　贷：其他综合收益——信用减值准备　8

借：其他综合收益——信用减值准备　2(8×25%)
　贷：所得税费用　2

【服务号“老汤煲会计”提示】

此时以“其他综合收益”替代了“递延所得税资产”。

24.4　与其他权益工具投资及其处置相关的所得税（编号：CPA－KJ－YT41－24－4）

甲公司适用的所得税税率为 25%，假定甲公司在未来期间能够产生足够的应纳税所得额用以利用可抵扣暂时性差异的所得税影响。2×13 年度的会计利润为 100 万元。

2×12 年 9 月 12 日，甲公司自证券市场购入某股票，支付价款 100 万元（假定不考虑交易费用）。甲公司将该股票作为其他权益工具投资核算。12 月 31 日，该股票的公允价值为 120 万元。2×13 年 1 月 31 日，甲公司处置该资产并收取价款 150 万元。

假定税法规定，该金融资产持有期间公允价值变动金额不计入应纳税所得额，待出售时一并计入应纳税所得额。假设除以上交易或事项，无其他纳税调整。

【要求】

编制 2×12 年和 2×13 年与该资产相关的会计分录，并说明递延所得税的确认并说明理由。

【解析】

(1)2×12 年 9 月 12 日，确认其他权益工具投资。

借：其他权益工具投资——成本　100

　贷：银行存款　100

(2)2×12 年 12 月 31 日，确认其他权益工具投资的公允价值变动并确认递延所得税。

借：其他权益工具投资——公允价值变动　20

　贷：其他综合收益——其他权益工具投资公允价值变动　20

账面价值为 120 万元，计税基础为 100 万元；会计上多计资产，产生递延所得税负债(DTL)。

借：其他综合收益——其他权益工具投资公允价值变动　5(20×25%)

　贷：递延所得税负债　5

(3)2×13 年 1 月 31 日，确认其他权益工具投资的处置。

借：银行存款　150

　贷：其他权益工具投资——成本　100

　　　　　　　　　　——公允价值变动　20

　　留存收益　30

借：其他综合收益——其他权益工具投资公允价值变动　15

　递延所得税负债　5

　贷：留存收益　20

(4)2×13 年 12 月 31 日，确认所得税。

应交所得税 =（100 + 50）× 25% = 37.5（万元）

所得税费用 = 100 × 25% = 25（万元）

借：所得税费用　　25

　留存收益　　12.5

　　贷：应交税费——应交所得税　　37.5

24.5 与投资性房地产相关的所得税（编号：CPA－KJ－YT41－24－5）

甲公司拥有一栋五层高的B楼房，用于本公司行政管理部门办公。迁往新建的办公楼后，甲公司2×17年1月1日与乙公司签订租赁协议，将B楼房租赁给乙公司使用。租赁合同约定，租赁期为3年，租赁期开始日为2×17年1月1日，年租金为8万元，于每月末分期支付。B楼房转换为投资性房地产前采用年限平均法计提折旧，预计使用10年，预计无净残值；转换为投资性房地产后采用公允价值模式进行后续计量。转换日，B楼房原价为160万元，已计提折旧为60万元，公允价值为120万元。

2×17年12月31日，B楼房的公允价值为150万元。税法规定，企业的各项资产以历史成本为基础计量；固定资产按照年限平均法计提的折旧准予在税前扣除。假定税法规定的B楼房使用年限及净残值与其转换为投资性房地产前的会计规定相同。

2×18年12月31日，甲公司以190万元处置B楼房，并收取对应的价款。

甲公司适用的所得税税率为25%，2×18年度的会计利润为200万元，除投资性房地产外，无其他的纳税调整事项。

【要求】

编制2×18年与投资性房地产相关的会计分录。

【解析】

（1）2×18年12月31日，冲销与其他综合收益相关的递延所得税负债。

借：递延所得税负债　　5（20×25%）

　　贷：其他综合收益　　5

（2）2×18年12月31日，处置投资性房地产确认其他业务收入并结转其他业务成本。

借：银行存款　　190

　　贷：其他业务收入　　190

借：其他业务成本　　100

　其他综合收益　　20

　公允价值变动损益　　30

　　贷：投资性房地产　　150

（3）2×18年12月31日，确认所得税。

应交所得税 = 应纳税所得额 × 所得税税率 = {[200 - (190 - 150 + 20)](冲销会计中确认处置损益) + [190 - (100 - 20)](2×18 年 12 月 31 日税法上应该确认的利得) - 10(2×18 年当期税法应该确认的折旧)} × 25% = 200 × 25% + [(150 - 120) × 25% + 10 × 25%] = 60(万元)

【服务号"老汤煲会计"提示】

2×18 年税法上应该确认的处置损益 = [190 - (100 - 20)](2×18 年 12 月 31 日税法上应该确认的利得) - 10(2×18 年当期税法应该确认的折旧) = 190 - (100 - 10)(2×17 年 12 月 31 日税法上资产的税基) = 100(万元),即 2×18 年税法上的折旧不影响 2×18 年税法上应该确认的处置损益。

递延所得税(递延所得税负债反转) = -(150 - 120 + 10) × 25% = -10(万元)

所得税费用 = 应交所得税 + 递延所得税 = 60 - 10 = 200 × 25% = 50(万元)

借:所得税费用	50	
递延所得税负债	10	
贷:应交税费——应交所得税		60

24.6　与拟处置权益法下长期股权投资相关的所得税(编号:CPA－KJ－YT41－24－6)

甲公司适用的所得税税率为 25%,预计以后期间不会变更,未来期间有足够的应纳税所得额,用以抵扣可抵扣暂时性差异;2×15 年年初递延所得税资产的账面余额为零,递延所得税负债的账面余额为零,不存在其他需要确认暂时性差异所得税影响的事项。

甲公司持有乙公司 30%股权并具有重大影响,采用权益法核算,其期初投资成本为 1000 万元,截至 2×15 年 12 月 31 日,甲公司该股权投资的账面价值为 1900 万元。其中,因乙公司 2×15 年实现净利润,甲公司按持股比例计算确认增加的长期股权投资账面价值 300 万元;因乙公司可重分类进损益的其他综合收益增加,甲公司按持股比例计算确认增加的长期股权投资账面价值为 80 万元;其他长期股权投资账面价值的调整系按持股比例计算享有乙公司以前年度的净利润。甲公司计划于 2×16 年出售该项股权投资,但出售计划尚未经董事会和股东大会批准。税法规定,企业在转让或者处置投资资产时,投资资产的成本准予扣除。

【要求】

说明甲公司长期股权投资权益法核算下的账面价值与计税基础是否产生暂时性差异;如果产生暂时性差异,说明是否应当确认递延所得税负债或资产,并说明理由。

【解析】

(1)甲公司长期股权投资权益法核算下的账面价值为 1 900 万元,计税基础为 1 000 万元,账面价值与计税基础存在暂时性差异,应当确认递延所得税负债。

理由:甲公司的长期股权投资拟于2×16年出售,虽然出售计划未经董事会批准,但是管理层已经有出售的意图,因此,对于其他综合收益的部分,需要确认递延所得税负债;对于被投资企业的利润部分也需确认递延所得税负债。

(2)因为被投资企业权益变动而调整的长期股权投资账面价值分为三个部分:

● 对于被投资企业其他综合收益部分而增加的80万元,未来出售时要征税,故产生递延所得税负债=80×25%=20(万元),对应着其他综合收益;

● 对于被投资企业本年净利润而增加的长期股权投资为300万元,确认递延所得税负债,对应着所得税费用75万元;

● 对于被投资企业以前年度净利润而增加的长期股权投资为520万元,确认递延所得税负债=520×25%=130(万元),对应着期初留存收益。

(3)会计分录如下:

借:其他综合收益	20	
贷:递延所得税负债		20
借:所得税费用	75	
期初留存收益	130	
贷:递延所得税负债		205

24.7 非同一控制企业合并形成商誉的所得税(编号:CPA－KJ－YT41－24－7)

2×07年5月31日,甲公司支付银行存款8 300万元取得乙公司80%的股权,甲公司对乙公司形成非同一控制的企业合并。

2×07年5月31日,甲公司以2×07年3月1日评估确认的资产、负债价值为基础,乙公司资产的公允价值及其账面价值如表24－3所示。

表24－3 资产负债表

编制单位:乙公司 2×07年5月31日 单位:万元

项 目	账面价值	公允价值
资产:		
货币资金	900	900
应收账款	3 400	3 400
存货	2 900	2 900
固定资产	4 200	6 300
无形资产	1 000	2 500
递延所得税资产	500	0

续表

项　目	账面价值	公允价值
商誉	2 000	0
资产总计	14 900	16 000

乙公司负债的账面价值为 6 000 万元，假定乙公司负债的公允价值等于其账面价值。乙公司可辨认资产的公允价值为 16 000 万元。

【要求】

计算甲公司投资形成的商誉金额，并说明理由。

【解析】

(1)确定乙公司可辨认资产、负债的账面价值。

乙公司可辨认资产的账面价值 = 14 900 − 2 000(商誉) − 500(递延所得税资产) = 12 400(万元)

乙公司可辨认负债的账面价值 = 6 000(万元)

乙公司可辨认净资产的账面价值 = 12 400 − 6 000 = 6 400(万元)

(2)确定乙公司可辨认资产、负债的公允价值。

乙公司可辨认资产的公允价值 = 16 000(万元)

乙公司可辨认负债的公允价值 = 6 000(万元)

乙公司可辨认净资产的公允价值 = 16 000 − 6 000 = 10 000(万元)

(3)计算合并商誉。

长期股权投资的初始成本 = 8 300(万元)

由于属于出售股权的免税处理，甲公司应计算递延所得税负债(由于可辨认资产的公允价值大于账面价值) = (16 000 − 12 400) × 25% = 3600 × 25% = 900(万元)

合并商誉 = 8 300 − (10 000 + 500 − 900) × 80% = 8 300 − 7 680 = 620(万元)

24.8　与广告费用超额支出相关的所得税(编号:CPA－KJ－YT41－24－8)

2×14 年度，甲公司实现利润 8 000 万元，发生广告费用 1 500 万元，按照税法规定准予从当年应纳税所得额中扣除的金额为 1 000 万元，其余可结转以后年度扣除。

甲公司适用的所得税税率为 25%，在有关可抵扣暂时性差异转回期内，甲公司预计能够产生足够的应纳税所得额用于抵扣暂时性差异，除所得税外，不考虑其他税费及其他因素影响。

【要求】

(1)对上述事项或项目产生的暂时性差异影响，分别说明是否应计入递延所得税负债或递延所得税资产，分别说明理由。

(2)计算甲公司 2×14 年度应确认的递延所得税并编制相关的会计分录。

【解析】

(1)发生的广告费，如果已经支付，如果将其视为资产，其账面价值为 0。

按税法的规定，当前可以税前扣除的金额为 1 000 万元，该广告费的金额为 1 500 万元，允许未来税前扣除的金额为 500 万元，形成可抵扣暂时性差异，其计税基础为 500 万元，需要确认递延所得税资产为 125 万元(500×25%)。

(2)计算甲公司 2×14 年度应确认的递延所得税。

应交所得税＝应纳税所得额×所得税税率＝(8 000＋1 500－1 000) ×25%＝2 125(万元)

所得税费用＝应交所得税＋Δ递延所得税负债－Δ递延所得税资产＝(8 000＋1 500－1 000)×25%＋0－(1 500－1 000)×25%＝8 000×25%＝2 000(万元)

借：所得税费用　　2 000

　递延所得税资产　　125

　　贷：应交税费——应交所得税　　2 125

24.9 与国债利息相关的所得税(编号:CPA－KJ－YT41－24－9)

甲公司适用的所得税税率为 25%。2×17 年度，甲公司实现利润总额 1 000 万元。

2×17 年 7 月 1 日，甲公司以 1000 万元的价格购入国家同日发行的国债，款项已用银行存款支付。该债券的面值为 1 000 万元，期限为 3 年，年利率为 8%(与实际利率相同)，利息于每年 6 月 30 日支付，本金到期一次付清。甲公司根据其管理该国债的业务模式和该国债的合同现金流量特征，将购入的国债分类为以摊余成本计量的金融资产。税法规定，国债利息收入免交企业所得税。

【要求】

编制甲公司 2×17 年与购入国债及确认利息相关的会计分录，并编制与所得税相关的会计分录。

【解析】

(1)编制甲公司 2×17 年与购入国债及确认利息相关的会计分录。

借：债权投资——成本　　1 000

　　贷：银行存款　　1 000

借：应收利息　　40(1 000×8%/2)

　　贷：投资收益　　40

(2)当年度应交所得税＝应纳税所得额×所得税税率＝(1 000－40)×25%＝240(万元)

由于国债利息收入免交企业所得税，其差异为永久性差异，不确认递延税费用。

当年度所得税费用 = 应交所得税 + 递延税费用 = (1 000 − 40) × 25% = 1 000 × 25% − 40 × 25% = 250 − 10 = 240(万元)

(3)与所得税相关的会计分录为：

借：所得税费用　240

　贷：应交税费——应交所得税　240

24.10　与税率变化相关的所得税(编号：CPA－KJ－YT41－24－10)

甲股份有限公司为境内上市公司(以下简称“甲公司”)。2×10 年度实现利润总额为 5 000 万元，2×10 年以前适用的所得税税率为 15%，2×10 年起适用的所得税税率为 25%。

2×10 年甲公司有关资产减值准备的计提及转回等资料如表 24－4 所示。

表 24－4　甲公司有关资产减值准备的计提及转回表　单位：万元

项　目	年初余额	本年增加数	本年转回数	年末余额
其他债权投资信用减值准备	120	0	60	60
长期股权投资减值准备	1 500	100	0	1 600
固定资产减值准备	0	300	0	300
无形资产减值准备	0	200	0	200

除计提的资产减值准备作为暂时性差异外，无其他纳税调整事项，假定甲公司在可抵扣暂时性差异转回时有足够的应纳税所得额。

【要求】

(1)计算甲公司 2×10 年度发生的所得税费用。

(2)计算甲公司 2×10 年 12 月 31 日递延所得税资产和负债的余额。

(3)编制 2×10 年度所得税相关的会计分录。

(4)编制 2×10 年度与其他债权投资相关的会计分录。

【解析】

(1)计算甲公司 2×10 年度发生的所得税费用。

甲公司 2×10 年度应交所得税额 = [5 000 − 60 + (100 + 300 + 200)] × 25% = 5 540 × 25% = 1 385(万元)

与所得税费用相关的递延所得税，Δ 递延所得税资产 = (− 60 + 300 + 200) × 25% + 120 × 10% = 440 × 25% + 120 × 10% = 110 + 12 = 122(万元)，与长期股权投资相关的减值准备属于永久性差异。其中，其他综合收益对应的金额 = − 60 × 25% + 120 × 10% = − 15 + 12 = − 3(万元)，递延所得税资产对应的金额 = (300 + 200) × 25% = 125(万元)

所得税费用=应交所得税+(Δ递延所得税负债-Δ递延所得税资产)=1 385+(0-122)=1 263(万元)

或者:

甲公司2×10年度发生的所得税费用=会计利润×适用税率+长期股权投资减值×适用税率(永久性差异)-税率差异=5 000×25%+100×25%-120×(25%-15%)=1250+25-12=1 263(万元)

(2)计算甲公司2×10年12月31日递延税款借方或贷方余额。

递延所得税资产应有的余额=(60+300+200)×25%=140(万元),其中,与其他债权投资相关的信用减值对应的"递延所得税资产"以"其他综合收益"来替代,其他综合收益的贷方余额为15万元(60×25%),递延所得税资产的余额为125万元[(300+200)×25%]。

(3)编制2×10年度所得税相关的会计分录。

借:所得税费用　　1 263

　递延所得税资产　　125

　　贷:应交税费——应交所得税　　1 385

　　　其他综合收益　　3

速算法:所得税费用=会计利润×新税率-国债利息收入×新税率+罚款支出×新税率+长期股权投资减值×新税率+期初应纳税暂时性差异(与所得税费用相关的)×(新税率-老税率)-期初可抵扣暂时性差异(与所得税费用相关的)×(新税率-老税率)=5 000×25%+100×25%-120×(25%-15%)=1 263(万元)

(4)编制2×10年度与其他债权投资相关的会计分录。

①其他债权投资信用减值转回。

借:其他综合收益——信用减值准备　　60

　　贷:信用减值损失　　60

②其他债权投资递延税。

借:所得税费用　　15(60×25%)

　　贷:其他综合收益——信用减值准备　　15

借:其他综合收益——信用减值准备　　12(120×10%)

　　贷:所得税费用　　12

与其他债权投资相关的递延税资产的余额(以其他综合收益替代)=期初额+本期发生额=120×15%-60×25%+120×10%=60×25%=15(万元)

24.11　所得税综合题(编号:CPA-KJ-YT41-24-11)

甲公司2×12年度实现利润总额10 000万元,适用的所得税税率为25%;预计未来期间适用的所得税税率不会发生变化，假定未来期间能够产生足够的应纳税所得额用以抵扣暂时性差异。甲公司 2×12 年度发生的有关交易和事项中，会计处理与税法规定存在差异的有：

(1)某批外购存货年初、年末借方余额分别为 9 900 万元和 9 000 万元，相关递延所得税资产年初余额为 235 万元，该批存货跌价准备年初、年末贷方余额分别为 940 万元和 880 万元，当年转回存货跌价准备 60 万元，税法规定，该笔准备金在计算应纳税所得额时不包括在内。

(2)某项外购固定资产当年计提的折旧为 1 200 万元，未计提固定资产减值准备。该项固定资产系 2×11 年 12 月 18 日安装调试完毕并投入使用，原价为 6 000 万元，预计使用年限为 5 年，预计净残值为零。采用年限平均法计提折旧，税法规定，类似固定资产采用年数总和法计提的折旧准予在计算应纳税所得额时扣除，企业在纳税申报时按照年数总和法将该折旧调整为 2 000 万元。

(3)自 2×12 年 3 月 1 日起自行研发一项新技术，2×12 年发生研发支出共计 500 万元(用银行存款支付 70%，30%为研发人员薪酬)，其中研究阶段支出 100 万元，开发阶段符合资本化条件前支出 100 万元，符合资本化条件后支出 300 万元，研发活动至 2×12 年底仍在进行中。税法规定，企业为开发新技术、新产品、新工艺发生的研究开发费用，未形成资产计入当期损益的，在按规定据实扣除的基础上，按照研究开发费用的 75%加计扣除；形成无形资产的，按照无形资产成本的 175%摊销。

(4)2×12 年 11 月 1 日，甲公司自公开市场以每股 8 元购入 10 万股乙公司股票，作为其他权益工具投资(以公允价值计量且其变动计入其他综合收益)。2×12 年 12 月 31 日，乙公司股票收盘价为每股 9 元。税法规定，企业持有的股票等金融资产以取得成本作为计税基础。

(5)12 月 31 日，甲公司根据收到的税务部门罚款通知，将应缴罚款 300 万元确认为营业外支出，款项尚未支付。税法规定，企业该类罚款不允许在计算应纳税所得额时扣除。

(6)当年实际发生的广告费用为 25 740 万元，款项尚未支付。税法规定，企业发生的广告费、业务宣传费不超过当年销售收入 15%的部分允许税前扣除，超过部分允许结转以后年度税前扣除。甲公司当年销售收入为 170 000 万元。

(7)通过红十字会向地震灾区捐赠现金 500 万元，已计入营业外支出。税法规定，企业发生的公益性捐赠支出，在年度利润总额 12%以内的部分，准予在计算应纳税所得额时扣除。

(8)甲公司持有乙公司 30%股权并具有重大影响，采用权益法核算，其期初投资成本为 1 000 万元，截至当年 12 月 31 日，甲公司该股权投资的账面价值为 1 900 万元。其中，因乙公司 2×12 年实现净利润，甲公司按持股比例计算确认增加的长期股权投资账面价值 300 万元；因乙公司可重分类进损益的其他综合收益增加，甲公司按持股比例计算确认增加的长期股权投资账面价值 80 万元。其他长期股权投资账面价值的调整系按持股比例计算享有乙公司以前年度的净利润，甲公司计划于 2×13 年出售该项股权投资，但出售计划尚未经董事会和股东大会批准。税法规定，居民企业间的股息、红利免税。

(9)2×12 年 1 月 4 日甲公司经股东大会批准，授予其 50 名管理人员每人 10 万份股份期权，每份期权于到期日可以 6 元每股的价格购买甲公司 1 股普通股，但被授予股份期权的管理人员必须在甲公司工作满三年才可行权，甲公司因该股权激励于当年确认了 550 万元的股份支付费用。税法规定，行权时股份公允价值与员工实际支付价款之间的差额，可在行权期间计算应纳税所得额时扣除。甲公司预计该股份期权行权时可予税前抵扣的金额为 1600 万元，预计因该股权激励计划确认的股份支付费用合计数不会超过可税前抵扣的金额。

(10)以前年度发生的可弥补亏损 400 万元尚在税法允许可结转以后年度产生的所得抵扣的期限内。

【要求】

(1)确定 2×12 年末存货的账面价值、计税基础与递延所得税余额。

(2)确定 2×12 年末固定资产的账面价值、计税基础与递延所得税余额。

(3)确定 2×12 年 12 月 31 日所形成开发支出的计税基础，判断是否确认递延所得税并说明理由。

(4)对甲公司购入及持有乙公司股票进行会计处理，计算该股票投资在 2×12 年 12 月 31 日的计税基础，并编制相关递延所得税的相关会计分录。

(5)确认 2×12 年末罚款对应的账面价值与计税基础，并说明差异的性质。

(6)确认广告费对应的账面价值与计税基础，及其递延所得税。

(7)确认长期股权投资对应的账面价值与计税基础，及其递延所得税。

(8)确认股份支付对应的递延所得税，并编制相关的会计分录。

(9)确认可弥补亏损对应的账面价值与计税基础，及其递延所得税。

(10)编制甲公司 2×12 年度与确认所得税费用相关的会计分录。

金融工具和所得税涉及二级科目的，要求写出二级科目。

【解析】

(1)2×12 年年末存货的账面价值 = 9 000 - 880 = 8 120(万元)，计税基础为 9 000 万元。可抵扣暂时性差异余额 = 9 000 - 8120 = 880(万元)，递延所得税资产的余额 = 880×25% = 220(万元)。期初余额为 235 万元，本期应转回递延所得税资产 = 235 - 220 = 15(万元)。

(2)2×12 年年末固定资产的账面价值 = 6 000 - 1 200 = 4 800(万元)，计税基础 = 6 000 - 6 000×5/15 = 4 000(万元)，应纳税暂时性差异余额 = 4 800 - 4 000 = 800(万元)，递延所得税负债的余额 = 800×25% = 200(万元)。递延所得税负债的期末余额为 200 万元，期初余额为 0，所以，本期应确认递延所得税负债 200 万元。

(3)开发支出的计税基础 = 300×175% = 525(万元)，与其账面价值 300 万元之间形成可抵扣暂时性差异，但是不确认递延所得税资产。

理由：该事项不是产生于企业合并，并且发生时既不影响会计利润也不影响应纳税所得额，若确认递延所得税资产，违背历史成本原则，影响会计信息的可靠性。

(4)对于其他权益工具投资。

①购入及持有乙公司股票的会计分录。

借：其他权益工具投资——成本　　80
　　贷：银行存款　　80
借：其他权益工具投资——公允价值变动　　10
　　贷：其他综合收益——其他权益工具投资公允价值变动　　10

②其他权益工具投资在2×12年12月31日的计税基础为其取得成本80万元。

③确认递延所得税相关的会计分录。

借：其他综合收益——其他权益工具投资公允价值变动　　2.5
　　贷：递延所得税负债　　2.5(10×25%)

(5)2×12年年末其他应付款的账面价值为300万元，计税基础也为300万元；不产生暂时性差异。由于该类罚款不允许在计算应纳税所得额时扣除，产生300万元的永久性差异。

(6)因为该广告费尚未支付，所以该广告费作为负债来核算，账面价值为25 740万元，计税基础=账面价值-未来期间按照税法规定可予税前扣除的金额=25 740-(25 740-170 000×15%)=25 500(万元)，可抵扣暂时性差异余额=25 740-25 500=240(万元)，递延所得税资产余额=240×25%=60(万元)。递延所得税资产期末余额为60万元，期初余额为0万元，所以，本期应确认递延所得税资产60万元。

(7)甲公司长期股权投资权益法核算下的账面价值为1 900万元，计税基础为1 000万元，账面价值与计税基础存在暂时性差异，应当确认递延所得税负债。

理由：甲公司的长期股权投资拟于2×13年出售，虽然出售计划未经董事会批准，管理层已经有出售的意图，因此，对于其他综合收益的部分，需要确认递延所得税负债；对于被投资企业的利润部分也需确认递延所得税负债。

因为被投资企业的利润而调整的长期股权投资账面价值部分=900-80=820(万元)，此部分对应递延所得税负债=820×25%=205(万元)(当期管理层意图发生变化形成的，与过去年度无关，全部确认为当期所税率费用年度对应520万元的投资收益)，而对于被投资企业其他综合收益部分而增加的80万元，未来出售时要征税，故产生递延所得税负债=80×25%=20(万元)。

借：其他综合收益　　20
　　贷：递延所得税负债　　20
借：所得税费用　　205
　　贷：递延所得税负债　　205

(8)税法规定，行权时股份公允价值与员工实际支付价款之间的差额，可在行权期间计算应纳税所得额时扣除。因此，甲公司根据会计准则规定在当期确定的成本费用为550万元，预计未来期间可税前抵扣的金额为1 600/3＝533.33(万元)，以未来期间可税前抵扣的金额为基础确认递延所得税资产的金额＝533.33×25%＝133.33(万元)，该公司未来可以抵扣的部分小于当期确认的成本费用，因此，递延所得税资产应全额记入所得税费用，具体的所得税会计处理如下：

借：递延所得税资产　　133.33(533.33×25%)

　贷：所得税费用　　133.33

(9)对于以前年度的亏损，递延所得税资产转回金额＝400×25%＝100(万元)，对应所得税费用为100万元。

(10)应纳税所得额＝10 000－60(存货减值回转，暂时性差异)－200×75%(开发费用加计扣除，永久性差异)－(2 000－1 200)(固定资产折旧差异调整，暂时性差异)＋300(罚款支出，永久性差异)＋(25 740－170 000×15%)(广告费用超额支出，暂时性差异)－300(权益法下的投资收入，暂时性差异)＋550(股份支付确认的费用，由于确认费用大于可抵扣部分，本期"相当于"形成了永久性差异)－400(过去年度的亏损，暂时性差异)＝9380(万元)，应交所得税＝9 380×25%＝2 345(万元)。

所得税费用＝2 345＋(200＋75)(递延所得税负债增加额)－(60＋133.33－15－100)(递延所得税资产增加额)＝会计利润×25%－研发费用化支出×75%×25%＋罚款支出×25%＋(股份支付费用－税法允许抵扣)×25%＝10 000×25%－200×75%×25% ＋300×25%＋(550－533.33)×25%＝2 500－37.5＋75＋4.17＝2 541.67(万元)

借：所得税费用　　2 541.67

　递延所得税资产　　78.33(45－100＋133.33)

　贷：应交税费——应交所得税　　2 345

　　递延所得税负债　　275(200＋75)

第 25 题（编号:CPA－KJ－YT41－25）

其他权益工具投资的汇兑差额

甲公司于 2×11 年 1 月 1 日，支付银行存款 100 万美元购买乙公司的股票，并且将其分类为指定以公允价值计量且其变动计入其他综合收益的金融资产。当日，市场汇率为 1 美元＝6.0 元人民币。

2×11 年 5 月 1 日，乙公司宣告发放现金股利，甲公司将收到股利 10 万美元。当日，市场汇率为 1 美元＝6.05 元人民币。

2×11 年 6 月 1 日，甲公司收到现金股利 10 万美元。当日，市场汇率为 1 美元＝6.08 元人民币。

2×11 年 12 月 31 日，该股票的公允价值为 120 万美元。当日，市场汇率为 1 美元＝6.1 元人民币。

2×12 年 12 月 31 日，该股票的公允价值为 150 万美元。当日，市场汇率为 1 美元＝6.3 元人民币。

【要求】

为甲公司编制相关的会计分录。

【解析】

(1)2×11 年 1 月 1 日，购买股票并确认为其他权益工具投资。

借:其他权益工具投资——成本　　600(100×6.0)

　贷:银行存款——美元　　600

(2)2×11 年 5 月 1 日，甲公司确认应收股利。

借:应收股利　　60.5(10×6.05)

　贷:投资收益　　60.5

(3)2×11 年 6 月 1 日，甲公司收到现金股利。

借:银行存款——美元　　60.8(10×6.08)

　贷:应收股利　　60.5(10×6.05)

　　财务费用——汇兑差额　　0.3

(4)2×11 年 12 月 31 日，确认公允价值变动并计入其他综合收益。

借:其他权益工具投资——公允价值变动　　132(120×6.1－600)

　　贷:其他综合收益——其他权益工具投资公允价值变动　　132

(5)2×12年12月31日,确认公允价值变动并计入其他综合收益。

借:其他权益工具投资——公允价值变动　　213(150×6.3－732)

　　贷:其他综合收益——其他权益工具投资公允价值变动　　213

第 26 题（编号:CPA－KJ－YT41－26）

他方增资成本法转权益法

2×17 年 1 月 1 日，甲公司支付 360 万元取得乙公司 60%的股权，丙公司支付 240 万元取得乙公司 40%的股权，当日，甲公司取得了对乙公司的控制权。2×17 年 1 月 1 日至 2×18 年 12 月 31 日，乙公司按购买日公允价值计算实现的净利润 50 万元，乙公司可重分类进损益的其他综合收益增加 25 万元。

2×19 年 1 月 1 日，丙公司对乙公司增资 400 万元，额外取得乙公司 20%的股权（即总股权比例达到 60%），增资后甲公司对乙公司的持股比例下降为 40%，甲公司丧失对乙公司的控制权，但能够对其施加重大影响。

假定乙公司各项可辨认资产、负债的公允价值与其账面价值相同，甲、乙公司按照净利润的 10%提取法定盈余公积，不提取任意盈余公积。乙公司未分配现金股利，并不考虑其他因素。

【要求】

为甲公司编制在个别报表和合并报表中相应的会计分录。

【解析】

（1）在个别财务报表中，应当对该项长期股权投资从成本法转为权益法核算。

首先，按照新的持股比例确认甲公司应享有的原子公司因增资扩股而增加净资产的份额，与应结转持股比例下降部分所对应的长期股权投资原账面价值之间的差额计入当期损益（投资收益）；然后，按照新的持股比例视同自取得投资时即采用权益法核算进行追溯调整。

（2）在合并报表中，对于剩余股权，应当按照其在丧失控制权日的公允价值重新计量。

处置股权取得的对价与剩余股权公允价值之和，减去按原持股比例计算应享有原子公司自购买日开始持续计算的净资产账面价值的份额之间的差额，计入丧失控制权当期的投资收益；与原有子公司股权投资相关的其他综合收益（可重分类进损益的），应当在丧失控制权时转为当期投资收益。企业应当在附注中披露处置后的剩余股权在丧失控制权日的公允价值、按照公允价值重新计量产生的相关利得或损失的金额。

(3)在个别报表中的会计处理。

①对于处置部分。

按照新的持股比例确认本投资方应享有的原子公司因增资扩股而增加净资产的份额 = 400×40% = 160(万元),与应结转持股比例下降部分所对应的长期股权投资原账面价值 = 360/3 = 120(万元),两者之间的差额计入当期损益 = 160 - 120 = 40(万元)。

借:长期股权投资	40	
贷:投资收益		40

②对于未处置部分。

按照权益法"1 + 4 步"进行调整。初始投资为 = 240 万元(360×2/3)。按投资比例 40%、被投资企业的损益及其他综合收益的变化,调整长期股权投资的账面价值。

借:长期股权投资——损益调整	20(50×40%)	
——其他综合收益	10(25×40%)	
贷:盈余公积		2
未分配利润		18
其他综合收益		10

此时个别报表剩余长期股权投资的账面价值 = (120 + 40) + [240 + (20 + 10)] = (600 + 50 + 25 + 400)×40% = 430(万元)

(4)在合并报表中的会计处理。

①处置股权取得的对价与剩余股权公允价值之和 = 0 + 400/20%×40% = 800(万元),按原持股比例计算应享有原子公司自购买日开始持续计算的净资产的份额 = (600 + 50 + 25)×60% = 405(万元),两者之间的差额计入丧失控制权当期的投资收益 = 800 - 405 = 395(万元);

②同时,与原有子公司股权投资相关的其他综合收益,应当在丧失控制权时转为当期投资收益 = 25×60% = 15(万元);

③因此,合并报表中的投资收益

= 800 - (600 + 50 + 25)×60% + 25×60%

= 800 - 600×60% - 50×60% = 800 - 360 - 30 = 410(万元)。

④未处置部分的会计处理。

● 视同按公允价值进行处置。

借:长期股权投资	800	
贷:长期股权投资		430
投资收益		370

● 其他综合收益转投资收益。

借：其他综合收益　　10（25×40%）

　　贷：投资收益　　10

⑤对已处置部分对应的投资收益的归属期间进行调整。

借：投资收益　　10

　　贷：未分配利润——年初　　10

【服务号“老汤煲会计”提示】

由于甲公司丧失对乙公司控制权日为 2×19 年 1 月 1 日，甲公司不需要将乙公司 2×19 年年度的利润表进行合并。

第27题（编号:CPA-KJ-YT41-27）

成本法转为金融工具（考虑现金股利）

甲公司2×17年1月1日支付600万元购得乙公司100%的股份，能够控制乙公司，购买当日乙公司可辨认净资产公允价值为500万元。在2×17年度，乙公司实现的以公允价值持续计量的净利润为50万元，乙公司不可重分类进损益的其他综合收益增加25万元，当年已经分配的现金股利为20万元；2×18年第一季度乙公司实现公允净利润为40万元。

2×18年4月1日甲公司出售了乙公司90%的股份，售价为720万元。剩余10%股权当日的公允价值为80万元，甲公司将剩余股份分类为交易性金融资产。

【要求】

为甲公司编制处置投资时在个别报表和合并报表中相关的会计分录。

【解析】

(1)在个别报表中的会计处理。

相当于将整个长期股权投资处置掉，获得了银行存款和交易性金融资产。

借:银行存款	720	
交易性金融资产——成本	80	
贷:长期股权投资		600
投资收益		200

(2)在合并报表中的会计处理。

由于该股权投资的减持构成了“跨越会计处理界限”，需要进行两步调整：第一步按“权益法进行调整”；第二步“以公允价值进行处置”。由于个别报表中已经按公允价值进行了处置，故可以简化为：对个别报表中已经确认的投资收益，进行归属期间的调整或重分类。

①2×17年乙公司的净利润，将增加合并报表中的年初未分配利润，减少处置当年的投资。

借:投资收益	50	
贷:未分配利润——年初		50

②2×17 年乙公司的分红,将减少合并报表中的年初未分配利润,增加处置当年的投资收益。

借:未分配利润——年初　　20

　　贷:投资收益　　20

③2×18 年乙公司第一季度的利润,将增加合并报表中与经营相关的利润,减少处置当期的投资收益。

借:投资收益　　40

　　贷:子公司利润表中损益类列报项目　　40

④乙公司不可重分类进损益的其他综合收益,将增加处置前长期股权投资的账面价值,并增加其他综合收益;在处置时,将减少投资收益,增加留存收益(其他综合收益转出)。

借:投资收益　　25

　　贷:留存收益　　25

(3)合并报表中投资收益的计算。

①第一种方法:合并报表中投资收益 = 处置的公允价值 - 初始投资成本(总资本利得)

- 在合并报表中累计确认的损益(以前年度和本年度在合并利润表中已经确认)

+ 以前年度的现金股利(现金股利) + 本年度的现金股利

- 不可重分类为损益的其他综合收益(将作为成本的一部分)

= (720 + 80) - 600 - 50 - 40 + 20 - 25 = 105(万元)。

②第二种方法:合并报表中确认的投资收益 = 处置对价 - [以投资日起公允价值持续计量的账面价值份额 + 商誉(如果有的话)] + 可重分类进损益的其他综合收益 = (720 + 80) - [(500 + 50 + 40 + 25 - 20) + 100] + 0 = 105(万元)。

第 28 题（编号:CPA－KJ－YT41－28）

成本法转金融工具（含公允变动与内部交易）

甲公司 2×18 年 1 月 1 日购得乙公司 80%的股份，初始成本为 4 800 万元，当日乙公司可辨认净资产账面价值为 5 000 万元，除一项 A 存货外，其他资产和负债公允价值与账面价值相等，存货的公允价值高于其账面价值 200 万元。2×18 年，乙公司将 A 存货的 60%对外出售；2×19 年第一季度，乙公司将 A 存货的 30%对外出售。

2×18 年 5 月 1 日，甲公司将生产的 B 产品出售给乙公司，存货的账面余额为 800 万元，未计提减值，销售价格为 1 200 万元。至 2×18 年年末，乙公司将 B 存货的 70%对外出售；2×19 年第一季度，乙公司将 B 存货的 20%对外出售。

2×18 年 6 月 1 日，乙公司将生产的 C 产品出售给甲公司，存货的账面余额为 800 万元，未计提减值，销售价格为 1 100 万元。至 2×18 年年末，甲公司将 C 存货的 50%对外出售；2×19 年第一季度，甲公司将 C 存货的 10%对外出售。

2×18 年乙公司全年实现净利润 500 万元，2×18 年末可重分类为损益的其他综合收益增加 250 万元。2×19 年第一季度乙公司实现净利润 400 万元。

2×19 年 4 月 1 日甲公司出售了乙公司 70%的股份，售价为 5 600 万元。剩余 10%股权当日的公允价值为 800 万元，拟短期持有而对外出售，分类为交易性金融资产。

不考虑所得税和增值税等因素的影响。

【要求】

编制甲公司处置投资时在个别报表和合并报表中的会计分录。

【解析】

(1)在个别报表中的会计处理。

成本法转为金融工具，在个别报表中形成了“跨越”，要将原有的投资视同处置。

个别报表中的投资收益＝处置对价之和－初始成本＝(5 600＋800)－4 800＝1 600(万元)

借:银行存款　　5 600

　交易性金融资产——成本　　800

　　贷:长期股权投资　　4 800

　　　投资收益　　1 600

(2)在合并报表中的会计处理。

由于在2×19年4月1日甲公司出售了乙公司,不管甲公司是否存在其他子公司,甲公司仍然需要编制合并利润表和合并现金流量表,则要考虑合并报表中的处置,因"两表视角差异"要对个别报表的投资收益进行"重分类"。

①初始投资时,公允价值调整。

因为投资时存货的公允价值高于其账面价值200万元。2×18年,乙公司将A存货的60%对外出售,故调减乙公司2×18年净利润96万元(200×60%×80%)。

2×19年第一季度,乙公司将A存货的30%对外出售,故调减乙公司2×19年第一季度的净利润48万元(200×30%×80%),并分解为:借记"营业成本"60万元,贷记"少数股东损益"12万元。

借:未分配利润——年初　　96(200×60%×80%)

　营业成本　　60(200×30%)

　　贷:少数股东损益　　12

　　　投资收益　　144

②根据乙公司净利润按权益法调整,实质上为投资收益的归属期间进行调整或重分类。

借:投资收益(长期股权投资)　　720(400+320)

　　贷:未分配利润——年初　　400(500×80%)

　　　投资收益(用于抵销)　　320(400×80%)

根据合并要求,将母公司投资收益与子公司利润分配进行抵销,"带入"乙公司利润表。

借:投资收益(用于抵销)　　320(400×80%)

　少数股东损益　　80(400×20%)

　　贷:乙公司第一季度利润表中的列报项目　　400

③根据乙公司其他综合收益按权益法调整,并结转其他综合收益。由于乙公司其他综合收益属于可重分类进损益的其他综合收益,可以不进行会计处理。

借:投资收益　　200(250×80%)

　　贷:其他综合收益　　200

借:其他综合收益　　200

　　贷:投资收益　　200

④将甲公司对乙公司的顺流交易进行全额抵销。

在 2×18 年 5 月 1 日甲公司将生产的 B 产品出售给乙公司，公司间内部交易损益为 400 万元，至 2×18 年年末，乙公司将 B 存货的 70%对外出售，未实现部分为 120 万元（400×30%），调减甲公司期初未分配利润 120 万元；2×19 年第一季度，乙公司将 B 存货的 20%对外出售，调增甲公司合并报表中 2×19 年第一季度净利润 80 万元（400×20%）。

借：未分配利润——年初　　120（400×30%）

　　贷：投资收益　　120

借：投资收益　　80（400×20%）

　　贷：营业成本　　80

⑤将乙公司对甲公司的逆流交易按比例抵销。

2×18 年 6 月 1 日，乙公司将生产的 C 产品出售给甲公司，公司间内部交易损益为 300 万元。至 2×18 年，甲公司将 C 存货的 50%对外出售，未实现部分为 150 万元（300×50%），合并报表中调减净利润 120 万元（150×80%）；2×19 年第一季度，甲公司将 C 存货的 10%对外出售，实现部分为 30 万元（300×10%），调增甲公司合并中 2×19 年第一季度净利润 24 万元（30×80%），并分解为：借记“少数股东损益”6 万元，贷记“营业成本”30 万元。

借：未分配利润——年初　　120（300×50%×80%）

　　贷：投资收益　　120

借：投资收益　　24（300×10%×80%）

　　少数股东损益　　6（300×10%×20%）

　　贷：营业成本　　30（300×10%）

⑥合并报表中投资收益调整的总结。

合并报表中的投资收益＝个别报表中的投资收益＋/－合并报表中的调整

＝个别报表中的投资收益－合并期间享有的乙公司净利润的份额＋投资时公允价值增值部分在合并期间的实现部分的份额＋合并期间公司内部顺流交易损益未实现部分＋合并期间公司内部逆流交易损益未实现部分的份额

＝（6 400－4 800）（个别报表中投资收益）－（500＋400）×80%（乙公司净利润将会增加长期股权投资账面价值进而减少投资收益，即重分类）＋200×（60%＋30%）×80%（初始投资时 A 产品公允价值增值，实现时将会减少对应期间乙公司净利润，即减少长期股权投资，增加投资收益）＋400×（1－70%－20%）×100%（顺流交易 B 产品交易损益未实现部分的份额，将会减少长期股权投资，增加投资收益）＋300×（1－50%－10%）×80%（逆流交易 C 产品交易损益未实现部分的份额，将会减少长期股权投资，增加投资收益）

＝1 600（个别报表中投资收益）－720（享有乙公司净利润的份额）＋144（投资时公允价值增值实现部分的份额）＋40（处置时顺流交易未实现部分的份额）＋96（处置时逆流交易未实现部分的份额）＝1 160（万元）

第 29 题（编号：CPA－KJ－YT41－29）

权益法转成本法后再转金融工具

2×15 年 1 月 1 日，A 公司以 250 万元现金自非关联方处取得 B 公司 20%的股权并对 B 公司具有重大影响。当日，B 公司可辨认净资产公允价值为 1 200 万元，并且可辨认净资产公允价值与其账面价值相等。2×15 年，B 公司实现净利润 210 万元，可重分类进损益的其他综合收益增加 60 万元。

2×16 年 1 月 1 日，A 公司以现金 656 万元向另一非关联方购买 B 公司 40%的股权，取得该部分股权后，A 公司对 B 公司的持股比例为 60%，形成对 B 公司的控制，相关手续于当日完成。当日，B 公司可辨认净资产公允价值 1 500 万元。

2×16 年度，B 公司的公允净利润为 90 万元，可重分类进损益的其他综合收益增加 30 万元。2×17 年 4 月 1 日，处置 B 公司 50%的股权，收到现金 1 000 万元，将剩余 10%股权作为交易性金融资产，其于丧失控制权日的公允价值为 200 万元。不考虑相关税费等其他因素的影响。2×17 年第一季度 B 公司的净利润为 80 万元。

【要求】

（一）为 A 公司编制 2×16 年 1 月 1 日对 B 公司持股比例由 20%增加到 60%相关的会计分录。

（二）为 A 公司编制 2×17 年 4 月 1 日处置 B 公司 50%股权相关的会计分录。

【解析】

（一）投资从 20%→60%的会计处理。

（1）在个别报表中的会计处理。

①原来的 20%按权益法核算，且因增加投资原有的 20%不视同处置；

②购买日原有 20%的投资账面价值＝250＋（210＋60）×20%＝304（万元），购买日取得 40%新股份所支付对价的公允价值＝656（万元），故购买日作为成本法核算的长期股权投资初始入账价值＝304＋656＝960（万元）。

借：长期股权投资	656	
贷：银行存款		656

(2)在合并报表中的会计处理。

①原来的20%,要视同处置。其公允价值=656/40%×20%=328(万元),应计入当期投资收益=328-304=24(万元);其他综合收益转出进投资收益为12(万元);合并报表中确认的投资收益之和=24+12=36(万元)。

借:长期股权投资	328	
贷:长期股权投资——成本		250
——损益调整		42
——其他综合收益		12
投资收益		24

借:其他综合收益	12	
贷:投资收益		12

②商誉的确定。

合并报表中的合并成本=328+656=984(万元)

甲公司享有B公司可辨认净资产公允价值的份额=1 500×60%=900(万元)

商誉=984-900=84(万元)。

(二)投资从60%→10%的会计处理。

(1)处置50%后,由成本法转为公允价值计量。

①个别财务报表中的会计处理。

● 处置50%股权后,剩余10%股权投资转为金融工具,视同全部处置。

借:银行存款	1 000	
交易性金融资产——成本	200	
贷:长期股权投资		960
投资收益		240

● 原有20%权益法下的投资中,结转其全部的其他综合收益12万元。

借:其他综合收益	12	
贷:投资收益		12

● 个别报表中投资收益=1 200-960+12=252(万元)

②合并报表中的会计处理。

从控制到金融工具,不需要编制合并资产负债表,但是要编制合并利润表和合并现金流量表,需要进一步调整。

● 按公允价值进行初始计量(原20%视同处置)。

借:投资收益(替代长期股权投资)	24	
贷:未分配利润——年初(替代以前年度投资收益)		24

借:其他综合收益　　12

　　贷:未分配利润——年初(替代以前年度投资收益)　　12

对于个别报表中转出其他综合收益的会计分录进行“反冲”。

借:投资收益　　12

　　贷:其他综合收益　　12

以上会计分录,可以合并为一个来看,借记投资收益 36,贷记期初未分配利润 36,即将投资收益的归属期间进行调整,或者也可以看作为合并报表与个别报表中的差异进行调整。

借:投资收益　　36

　　贷:未分配利润——年初　　36

按权益法进行调整,在合并报表中要将投资收益的归属期间进行调整。

借:投资收益(替代长期股权投资)　　54(a)

　　贷:未分配利润——年初　　54

借:投资收益(替代长期股权投资)　　48

　　贷:投资收益　　48(d)

借:投资收益(替代长期股权投资)　　18(b)

　　贷:其他综合收益　　18

借:其他综合收益　　18(c)

　　贷:投资收益(替代长期股权投资)　　18

(b)和(c)两个分录抵销后,对于利润是没有影响的,只需要(a)分录即可。

合并利润表还存在,带入子公司的利润表。

借:投资收益(替代长期股权投资)　　48

　　贷:投资收益(用于抵销)　　48

借:投资收益(用于抵销)　　48

　　少数股东损益　　32

　　贷:子公司利润表中的损益类列报项目　　80

【服务号“老汤煲会计”提示】

①个别报表中投资收益 = 处置对价 − 成本 + 原权益法下可重分类进损益的其他综合收益转出 = 1 200 − 960 + 12 = 240 + 12 = 252(万元)。

②合并报表中投资收益 = 处置对价 −(持续计量账面价值对应份额 + 商誉)+ 控制后享有可重分类进损益其他综合收益的份额转出 = 1 200 − [(1 500 + 90 + 30 + 80)×60% + 84] + 30 ×60% = 1 200 − 984 − 54 − 24 − 48 = 1 200 −(960 + 24)− 54 = 1 200 − 960 + 12 − 12 − 24 − 54 − 48 = 个别报表投资收益 − 在合并利润表中已经累计确认的损益。

第 30 题（编号:CPA－KJ－YT41－30）

不再划分为持有待售的权益法下的长期股权投资

甲公司 2×08 年 1 月 1 日购得乙公司 30%的股份，初始成本为 180 万元，当日乙公司可辨认净资产公允价值为 600 万元，2×08 年乙公司以公允价值计算的净利润 50 万元，2×08 年末乙公司重新计量设定受益计划净资产的变动所带来的其他综合收益增加 25 万元。

2×08 年 12 月 31 日，甲公司拟出售乙公司 10%的股权，并与丙公司签署了不可撤销的出售股权的合同，合同约定以出售当天的公允价值作为股权交易价格。2×08 年 12 月 31 日，当日拟出售的 10%股权的公允价值为 50 万元，预计的出售费用为 2 万元。当日拟出售的长期股权投资符合划分为持有待售类别的条件。

2×09 年第一季度乙公司以投资日公允价值持续计算的净利润 40 万元。3 月 31 日，10%股权的公允价值为 69 万元，预计的出售费用为 1 万元。

2×09 年 4 月 1 日，甲公司对乙公司的长期股权投资不再符合划分为持有待售的条件，甲公司对乙公司仍保有重大影响。当日，甲公司所持乙公司 30%股权没有发生减值。

【要求】

为甲公司编制 2×09 年 4 月 1 日相关会计分录。

【解析】

(1)对于未划分为持有待售的原 20%投资，一直以权益法进行持续计量，其在 2×09 年 3 月 31 日的账面价值＝(600＋50＋25＋40)×20%＝143(万元)。

(2)对于划分为持有待售原 10%的股权投资。

①2×09 年 4 月 1 日，对划分为持有待售日(2×08 年 12 月 31 日)的减值要进行追溯冲销。

- 持有待售日以权益法持续计量的账面价值＝(600＋50＋25)×10%＝67.5(万元)
- 持有待售日公允价值减去出售费用后的净额＝50－2＝48(万元)
- 持有待售日计提减值金额＝67.5－48＝19.5(万元)

借:持有待售资产减值准备——长期股权投资　　19.5

　　贷:留存收益　　19.5

②2×09 年 4 月 1 日，对 2×09 年 3 月 31 日的减值回转要进行追溯冲销。

持有待售的 10%长期股权投资，2×09 年 3 月 31 日公允价值减去出售费用后的净额＝69－1＝68(万元)；账面价值为 48 万元，其差额为 20 万元(68－48)，可回转金额以划分为持有待售类别后长期股权投资的减值金额(19.5 万元)为限，所以，减值回转金额为 19.5 万元。要进行追溯调整，追溯调整后的账面价值为 67.5 万元。

借：资产减值损失　　19.5

　　贷：持有待售资产减值准备——长期股权投资　　19.5

③2×09 年 4 月 1 日，将持有待售资产转为长期股权投资。

借：长期股权投资　　67.5

　　贷：持有待售资产——长期股权投资　　67.5

④按权益法进行追溯调整，确认 2×09 年第一季度的投资收益 4 万元(40×10%)。

借：长期股权投资　　4

　　贷：投资收益　　4

⑤2×09 年 4 月 1 日，当日按权益追溯调整后的账面价值＝67.5＋4＝71.5(万元)。

⑥2×09 年 4 月 1 日，所持有 30%股权的账面价值＝143＋71.5＝(600＋50＋25＋40)×30% ＝214.5(万元)。

【服务号“老汤煲会计”提示】

权益法下长期股权投资划分为持有待售后不再满足划分为持有待售条件的，要进行追溯调整，即假设没有划分为持有待售后的按权益法持续计量应该有的账面价值。

第 31 题（编号：CPA－KJ－YT41－31）

反向购买

甲公司为境内上市公司，专门从事能源生产业务。2×15 年，甲公司发生的企业合并及相关交易或事项如下：

(1)2×15 年 2 月 20 日，甲公司召开董事会，审议通过了以换股方式购买专门从事新能源开发业务的乙公司 80%股权的议案。2×15 年 3 月 10 日，甲公司、乙公司及其控股股东丙公司各自内部决策机构批准了该项交易方案，2×15 年 6 月 15 日，证券监管机构批准了甲公司以换股方式购买乙公司 80%股权的方案。

2×15 年 6 月 30 日，甲公司以 3∶1 的比例向丙公司发行 6 000 万股普通股，取得乙公司 80%股权，有关股权登记和股东变更手续当日完成；同日，甲公司、乙公司的董事会进行了改选，丙公司开始控制甲公司，甲公司开始控制乙公司，甲公司、乙公司普通股每股面值均为 1 元，2×15 年 6 月 30 日，甲公司普通股的公允价值为每股 3 元，乙公司普通股的公允价值为每股 9 元。

2×15 年 7 月 16 日，甲公司支付为实施上述换股合并而发生的会计师、律师、评估师等费用 350 万元，支付财务顾问费 1 200 万元。

(2)甲公司、乙公司资产、负债等情况如下：

2×15 年 6 月 30 日，甲公司账面资产总额 17 200 万元，其中固定资产账面价值 4 500 万元，无形资产账面价值 1500 万元，账面负债总额 9 000 万元；账面所有者权益(股东权益)合计 8 200 万元，其中：股本 5 000 万元(每股面值 1 元)，资本公积 1 200 万元，盈余公积 600 万元，未分配利润 1 400 万元。2×15 年 6 月 30 日，甲公司除一项无形资产外，其他资产、负债的公允价值与其账面价值相同，该无形资产为一项商标权，账面价值 1 000 万元，公允价值 3 000 万元，按直线法摊销，预计尚可使用 5 年，预计净残值为零。

2×15 年 6 月 30 日，乙公司账面资产总额 34 400 万元，其中固定资产账面价值 8 000 万元，无形资产账面价值 3500 万元，账面负债总额 13 400 万元；账面所有者权益(股东权益)合计 21 000 万元，其中：股本 2 500 万元(每股面值 1 元)，资本公积 500 万元，盈余公积 1 800 万元，未分配利润 16 200 万元。2×15 年 6 月 30 日，乙公司除一项固定资产外，其他资产、负债的公允价值与其账面价值相同，该固定资产为一栋办公楼，账面价值 3 500 万元，公允价值

6 000万元，按年限平均法计提折旧，预计尚可使用20年，预计净残值为零。

(3)2×15年12月20日，甲公司向乙公司销售一批产品，销售价格(不含增值税)为100万元，成本为80万元，款项已收取，截至2×15年12月31日，乙公司确认自甲公司购入的产品已对外出售50%，其余50%形成存货。

其他相关资料如下：

合并前，丙公司、丁公司分别持有乙公司80%和20%股权，甲公司与乙公司、丙公司、丁公司不存在任何关联方关系；合并后，甲公司与乙公司除资料(3)所述内部交易外，不存在其他任何内部交易。

甲公司和乙公司均按照年度净利润的10%计提法定盈余公积，不计提任意盈余公积。企业合并后，甲公司和乙公司没有向股东分配利润。

甲公司和乙公司适用的企业所得税税率均为25%，甲公司以换股方式购买乙公司80%股权的交易是适用特殊税务处理规则。即收购企业、被收购企业的原有各项资产和负债的计税基础保持不变，甲公司和乙公司合并前的各项资产负债的账面价值与其计税基础相同。不存在其他未确认暂时性差异所得税影响的事项。甲公司和乙公司预计未来年度均有足够的应纳税所得额用以抵扣可抵扣暂时性差异。

除所得税外，不考虑增值税及其他相关税费，不考虑其他因素。

【要求】

(1)根据资料(1)、资料(2)及其他有关资料，判断该项企业合并的类型及会计上的购买方和被购买方并说明理由。

(2)根据资料(1)、资料(2)及其他有关资料，确定该项企业合并的购买日(或合并日)，并说明理由。

(3)根据资料(1)、资料(2)及其他有关资料，计算甲公司取得乙公司80%股权投资的成本，并编制相关会计分录。

(4)根据资料(1)、资料(2)及其他有关资料，计算该项企业合并的合并成本和商誉(如有)。

(5)根据资料(1)、资料(2)及其他有关资料，计算甲公司购买日(或合并日)合并资产负债表中固定资产、无形资产、递延所得税资产(或负债)、盈余公积和未分配利润的列报金额。

(6)根据资料(3)，编制甲公司2×15年12月31日合并财务报表相关的抵销分录。

(7)根据资料(1)、资料(2)及其他有关资料，编制乙公司2×15年6月30日合并财务报表相关的抵销分录。

【解析】

(1)根据资料(1)、资料(2)及其他有关资料，判断该项企业合并的类型及会计上的购买方和被购买方并说明理由。

合并类型：构成业务的反向购买，会计上的购买方为乙公司，会计上的被购买方为甲公司。

理由:2×15年6月30日,甲公司以3∶1的比例向丙公司发行6 000万普通股,取得乙公司80%股权,有关股权登记和股东变更手续当日完成。同日,甲公司、乙公司的董事会进行了改选,丙公司开始控制甲公司,甲公司开始控制乙公司,甲公司与乙公司、丙公司不存在任何关联方关系。

(2)根据资料(1)、资料(2)及其他有关资料,确定该项企业合并的购买日(或合并日),并说明理由。

购买日为2×15年6月30日。

理由:2×15年6月30日,①已经获得股东大会的批准;②已经取得监管部门的核准;③有关股权登记和股东变更手续当日完成;④已经支付价款的大部分,即发行股票并办理登记;⑤甲公司和乙公司的董事会进行了改选,实质上购买方取得了对被购买方的控制权。

(3)根据资料(1)、资料(2)及其他有关资料,计算甲公司取得乙公司80%股权投资的成本,并编制相关会计分录。

甲公司取得乙公司80%股权投资的成本=6 000×3=18 000(万元)

会计分录:

借:长期股权投资　18 000

　贷:股本　6 000

　　资本公积——股本溢价　12 000

借:管理费用　1 550

　贷:银行存款　1 550

(4)根据资料(1)、资料(2)及其他有关资料,计算该项企业合并的合并成本和商誉(如有)。

企业合并后,乙公司原股东丙公司持有甲公司的股权比例=6 000/(6 000+5 000)=54.55%。假定乙公司发行本公司普通股股票合并甲公司,在合并后主体享有同样的股权比例,乙公司应当发行的普通股股数=2 500×80%/54.55%-2 500×80%=1 666.36(万股)。

企业合并成本=1 666.36×9=14 997.25≈15 000(万元)

企业合并商誉=乙公司合并成本15 000-购买日甲公司可辨认净资产公允价值(8 200+2 000-2 000×25%)=15 000-9 700=5 300(万元)

【服务号"老汤煲会计"提示】

合并成本为甲公司的公允价值=总股数×市价=5 000×3=15 000(万元)

(5)根据资料(1)、资料(2)及其他有关资料,计算甲公司购买日(或合并日)合并资产负债表中固定资产、无形资产、递延所得税资产(或负债)、盈余公积和未分配利润的列报金额。

固定资产的列报金额=4 500+8 000=12 500(万元)

无形资产的列报金额=1 000+(3 000-1 000)+3 500=6 500(万元)

递延所得税负债的列报金额=(3 000-1 000)×25%=500(万元)

盈余公积的列报金额 = 1 800×80% = 1 440(万元)

未分配利润的列报金额 = 16 200×80% = 12 960(万元)

(6)根据资料(3),编制甲公司2×15年12月31日合并财务报表相关的抵销分录。

借:营业收入　　100
　贷:营业成本　　100

借:营业成本　　10
　贷:存货　　10

借:递延所得税资产　　2.5(10×25%)
　贷:所得税费用　　2.5

(7)根据资料(1)、资料(2)及其他有关资料,编制乙公司2×15年6月30日合并财务报表相关的抵销分录。

①先抵销甲公司确认的长期股权投资。

借:股本　　6 000
　资本公积——股本溢价　　12 000
　贷:长期股权投资　　18 000

抵销之后,甲公司的所有者权益恢复到了合并前的金额:账面所有者权益(股东权益)合计8 200万元:股本5 000万元(每股面值1元),资本公积1 200万元,盈余公积600万元,未分配利润1 400万元。

②再确认乙公司对甲公司的长期股权投资(假设发行股票)。

借:长期股权投资　　15 000(1 666.36×9)
　贷:股本　　1 666.36(2 500×80%/54.55% - 2 500×80%)
　　资本公积——股本溢价　　13 333.64

③乙公司(会计上的购买方)长期股权投资与甲公司(会计上的被购买方)所有者权益进行抵销。

第一步:对甲公司的资产负债按公允价值进行调整。

甲公司视为被购买方,即会计上的子公司,所以合并财务报表中反映应是甲公司资产和负债的公允价值。

借:无形资产　　2 000
　贷:资本公积　　1 500
　　递延所得税负债　　500

调整后,甲公司可辨认净资产公允价值 = 8 200 + 1 500 = 9 700(万元)。其中:股本5 000万元(每股面值1元),资本公积2 700万元(1 200 + 1 500),盈余公积600万元,未分配利润1 400万元。

第二步：购买日乙公司长期股权投资与甲公司所有者权益抵销分录（100%）。

乙公司视为购买方，即会计上的母公司。

合并商誉 = 乙公司合并成本 15 000 − 甲公司购买日公允价值份额 9 700（8 200 + 2 000 − 2 000×25%）= 5 300（万元）

借：股本　　5 000
　　资本公积　　2 700（1 200 + 1 500）
　　盈余公积　　600
　　未分配利润　　1 400
　　商誉　　5 300
　贷：长期股权投资　　15 000

④调整会计购买方乙公司的少数股东权益（20%）。

借：股本　　500
　　资本公积　　100
　　盈余公积　　360
　　未分配利润　　3 240
　贷：少数股东权益　　4 200

2×15 年 6 月 30 日，账面所有者权益（股东权益）合计 21 000 万元，其中：股本 2 500 万元（每股面值 1 元），资本公积 500 万元，盈余公积 1 800 万元，未分配利润 16 200 万元。

第 32 题（编号:CPA－KJ－YT41－32）

子公司投资性房地产按母公司的会计政策调整

2×15 年 1 月 1 日甲公司自无关联关系的第三方取得乙公司 80%的股权，并自当日开始甲公司控制乙公司，即乙公司成为甲公司的子公司。

2×14 年 1 月 1 日，乙公司将自有的建筑物对外经营出租，将其分类为以公允价值后续计量的投资性房地产。转换当日，建筑物的账面原值为 200 万元，乙公司按 20 年计提折旧，预计无残值，还可使用 10 年，公允价值为 120 万元。

2×14 年 12 月 31 日，投资性房地产的公允价值为 150 万元；2×15 年 12 月 31 日，投资性房地产的公允价值为 200 万元。

甲公司投资性房地产按成本进行后续计量，并按 10 年计提折旧；乙公司固定资产按 20 年计提折旧。如果甲公司适用的所得税税率为 15%，乙公司适用的税率为 25%。

【要求】

(1)为甲公司编制 2×15 年 1 月 1 日与合并相关的调整分录；

(2)为甲公司编制 2×15 年 12 月 31 日与合并相关的调整分录。

【解析】

(1)为甲公司编制 2×15 年 1 月 1 日合并调整分录。

2×15 年 1 月 1 日为甲公司取得对乙公司的控制日，乙公司对投资性房地产采用公允价值计量，从合并角度来看，不需要调整个别报表中投资性房地产的账面价值。

(2)为甲公司编制 2×15 年 12 月 31 日相关的调整分录。

编制合并报表时，要将乙公司(子公司)的会计政策统一为甲公司(母公司)的会计政策。乙公司投资性房地产以成本法进行后续计量，即对乙公司投资性房地产的公允价值变动进行抵销，并按乙公司的折旧年限进行折旧。

①将公允价值的变动进行抵销。

借:公允价值变动损益　　50

　　贷:投资性房地产　　50

②按乙公司的预期使用年限计提折旧。

应该计提的折旧 = 150/(10 - 1) = 16.67(万元)

借:其他业务成本　　16.67

　　贷:投资性房地产　　16.67

③考虑所得税的影响。

采用乙公司适用的所得税率,投资性房地产在合并报表中的账面价值减少了 66.67 万元(相对于个别报表中的账面价值),抵销原确认的“递延所得税负债”16.67 万元(66.67 × 25%)。

借:递延所得税负债　　16.67

　　贷:所得税费用　　16.67

④考虑少数股东承担的部分。

乙公司净利润减少了 50 万元(66.67 - 16.67),则少数股东权益“承担”了 10 万元(50 × 20%)。

借:少数股东权益　　10

　　贷:少数股东损益　　10

第 33 题（编号:CPA - KJ - YT41 - 33）

金融工具在合并报表中的调整与抵销

2×16 年 1 月 1 日，甲银行向客户发放四年期贷款 1 000 万元，名义利率为 10%（与市场利率相同），每年年末支付利息。2×16 年 12 月 31 日，该笔贷款的公允价值为 951.98 万元（不包括利息）。

2×17 年 1 月 1 日随后向资产证券化专项计划（乙结构化主体）出售，出售价格为 951.98 万元（款项当年没有支付），由专项计划向投资者发行资产支持证券。甲银行控制资产证券化专项计划，并将其纳入合并财务报表范围。专项计划收取贷款的合同现金流量，并将该现金流量转付给其投资者。假定专项计划未终止确认作为基础资产的贷款。

(P/A,12%,3) = 2.401 8;(P/F,12%,3) = 0.711 8

【要求】

(1)为甲银行编制 2×16 年 12 月 31 日与合并相关的会计分录。

(2)为甲银行编制 2×17 年 12 月 31 日与合并相关的会计分录。

【解析】

(1)为甲银行编制 2×16 年 12 月 31 日与合并相关的会计分录。

从甲银行合并财务报表角度来看，发放贷款的目标是持有该贷款以收取合同现金流量。从甲银行个别财务报表角度来看，发放贷款的目标不是收取合同现金流量，而是向专项计划出售。个别报表中，甲公司将该笔贷款确认交易性金融资产。由于 2×16 年 12 月 31 日甲公司将此交易性金融资产出售给乙结构化主体，乙结构化主体将其分类为债权投资。

从合并报表的角度，企业的业务管理模式是以收取合同现金流量为目标，应该分类为以摊余成本计量的金融资产（债权投资），与乙结构化主体的分类是一致的，但是，计量的金额不相同。将个别报表中的金额调整为合并报表中应有的金额，即完成了相应的调整和抵销。

借:债权投资　　48.02

　贷:投资收益　　48.02

2×16 年 12 月 31 日，债权投资应有的余额为 1 000 万元；在结构化主体中，债权投资的余额为 951.98 万元。经过抵销和调整后，在合并报表中的债权投资为 1 000 万元，投资收益为

100 万元。

(2)为甲银行编制 2×17 年 12 月 31 日与合并相关的会计分录。

①对于乙结构化主体来说，2×17 年 1 月 1 日债权投资 951.98 万元，实际利率为 12%；2×17 年确认的投资收益 = 951.98×12% = 114.24(万元)，利息调整为 14.24 万元，2×17 年 12 月 31 日债权投资的账面价值为 966.22 万元(951.98 + 14.24)。

②连续编制的情况下，补 2×16 年 12 月 31 日的调整和抵销。

借：债权投资　　48.02

　　贷：未分配利润——年初　　48.02

③2×17 年 12 月 31 日的调整和抵销。

借：投资收益　　14.24

　　贷：债权投资　　14.24

经过合并抵销后，在合并报表中，2×17 年 12 月 31 日债权投资的余额 = 966.22 − 14.24(对 2×17 年的调整) + 48.02(对 2×16 年的调整) = 1 000(万元)。

第 34 题（编号:CPA－KJ－YT41－34）

母子公司之间非货币性资产交换

甲公司为乙公司的母公司，持有乙公司 80%的股权。2×17 年 6 月 10 日，甲、乙公司达成非货币资产交换协议。甲公司以固定资产换取乙公司存货，交易具有商业实质。

甲公司将其原值为 600 万元，累计折旧 350 万元的一项固定资产，其公允价值为 400 万元，与乙公司的存货进行交换。该批存货成本为 280 万元，未计提存货跌价准备，公允价值为 360 万元。交换过程中，乙公司支付补价 40 万元。

交换当月，乙公司收到的固定资产达到预定可使用状态，该固定资产预计剩余使用年限为 5 年，无残值，甲公司和乙公司均采用直线法对其进行折旧，固定资产折旧计入管理费用。至 2×17 年 12 月 31 日，甲公司将该商品的 60%对外销售，对剩余存货进行检查，并未发生减值。不考虑所得税和增值税等相关因素。

【要求】

为甲公司编制 2×17 年 12 月 31 日相关的合并调整与抵销分录。

【解析】

从个别报表的角度来看，甲公司相当于固定资产进行了处置（顺流交易），资产处置收益＝400－250＝150（万元）。

乙公司相当于产品销售（逆流交易），销售收入＝400（万元），销售成本＝280（万元），营业利润＝360－280＝80（万元）。

（1）对于甲公司固定资产处置进行抵销（顺流交易）。

借：资产处置收益　　150

　　贷：固定资产　　150

借：固定资产　　15

　　贷：管理费用　　15（150/5×6/12）

（2）对于乙公司产品销售进行抵销（逆流交易）。

借：营业收入　　360

　　贷：营业成本　　328（360－32）

　　　　存货　　32（80×0.4）

借:少数股东权益　　6.4

　　贷:少数股东损益　　6.4(32×0.2)

第 35 题（编号:CPA－KJ－YT41－35）

一揽子分步处置股权到丧失控制权

甲公司主要从事机械产品的生产与销售，甲公司 2×15 年至 2×16 年投资业务如下：

(1)甲公司为了进军游戏行业，于 2×15 年 1 月 1 日以银行存款 30 000 万元从乙公司股东 P 公司处购买了从事游戏开发的乙公司 100%的股权。甲公司与 P 在交易前不存在任何关联方关系，当日乙公司可辨认净资产账面价值总额为 26 000 万元(股本 9 000 万元、资本公积 16 000 万元、盈余公积 150 万元、未分配利润 850 万元)，可辨认净资产的公允价值为 28 000 万元(公允价值与账面价值的差额：无形资产评估增值 2 000 万元，预计尚可使用年限 10 年，采用年限平均法进行摊销，预计净残值为 0)。

(2)2×15 年乙公司实现净利润 10 200 万元，提取盈余公积 1 020 万元，乙公司可重分类进损益的其他综合收益上升 1 000 万元，当年所有者权益其他变动增加 500 万元。

(3)2×15 年甲公司为集中发展机械产品的主营业务，计划剥离辅业；同年 11 月 30 日，甲公司与丙公司签订不可撤销的转让协议，约定甲公司向丙公司转让其持有的乙公司 100%股权，对价总额为 50 000 万元。考虑到股权平稳过渡，双方在协议中约定，丙公司应在 2×15 年 12 月 31 日之前支付 30 000 万元，取得乙公司 30%股权；丙公司应在 2×16 年 12 月 31 日之前支付 20 000 万元，取得乙公司剩余 70%股权。丙公司支付第二笔款项前，乙公司仍由甲公司控制，若乙公司在此期间向股东进行利润分配，则后续 70%股权的购买对价按丙公司已分得的金额进行相应调整。

(4)2×15 年 12 月 31 日，按照协议约定，丙公司向甲公司支付 30 000 万元，甲公司将其持有的乙公司 30%股权转让给丙公司，股权变更手续已于当日完成；当日，乙公司可辨认净资产的账面价值为 37 700 万元。

(5)2×16 年 6 月 30 日，丙公司向甲公司支付 20 000 万元，甲公司将其持有的乙公司剩余 70%股权转让给丙公司，并于当日办理股权变更手续，自此丙公司取得乙公司的全部股权，丙公司控制了乙公司。2×16 年 1 月 1 日至 2×16 年 6 月 30 日，乙公司实现净利润 5 100 万元，无其他所有者权益变动事项，当日，乙公司可辨认净资产的账面价值为 42 800 万元。

假设不考虑所得税等其他因素的影响。

【要求】

(1)根据上述资料,编制甲公司2×15年1月1日个别财务报表的相关会计分录,并计算合并商誉。

(2)根据上述资料,分析判断甲公司处置乙公司的上述两次交易在合并报表中是否属于"一揽子交易",并简要说明理由。

(3)根据上述资料,编制甲公司2×15年12月31日个别财务报表相关会计分录,及合并财务报表中相关的调整或抵销分录。

(4)根据上述资料,编制甲公司2×16年6月30日个别财务报表中的相关会计分录,计算合并财务报表当期的处置损益。

【解析】

(1)根据上述资料,编制甲公司2×15年1月1日个别财务报表的相关会计分录,并计算合并商誉。

借:长期股权投资 30 000

贷:银行存款 30 000

商誉=支付对价-被投资企业可辨认净资产公允价值对应的份额=30 000-28 000=2 000(万元)

(2)根据上述资料,分析判断甲公司上述两次交易在合并报表中是否属于"一揽子交易",并简要说明理由。

上述两次交易属于"一揽子交易",理由如下:

● 甲公司处置乙公司股权是出于集中力量发展优势业务,剥离辅业的考虑,甲公司的目的是全部处置其持有的乙公司股权,两次处置交易结合起来才能达到其商业目的;

● 两次交易在同一转让协议中同时约定;

在第一次交易中,30%股权的对价为30 000万元,相对于100%股权的对价总额50 000万元而言,第一次交易单独来看对丙公司而言并不经济,和第二次交易一并考虑才反映真正的经济影响,此外,如果在两次交易期间乙公司进行了利润分配,也将据此调整对价,说明两次交易是在考虑了彼此影响的情况下订立的。

综上所述,在合并财务报表中,两次交易应作为"一揽子交易"按照分步处置子公司股权至丧失控制权并构成"一揽子交易"的相关规定进行会计处理。

(3)根据上述资料,编制甲公司2×15年12月31日个别财务报表相关会计分录,及合并财务报表中相关的调整或抵销分录。

①个别报表中处置30%长期股权投资的会计分录。

借:银行存款　　30 000
　　贷:长期股权投资　　9 000
　　　　其他综合收益　　21 000

②合并报表中调整和抵销的会计分录。

经过公允价值调整的会计利润 = 10 200 − 2 000/10 = 10 000(万元)

第一步:公允价值调整。

● 资产负债表中公允价值调整。

借:无形资产　　2 000
　　贷:资本公积　　2 000

● 利润表中的公允价值调整。

借:管理费用　　200
　　贷:无形资产　　200

第二步:权益法调整。

● 30%处置部分的调整(相当于 30%进行了权益法调整,并对投资进行了处置)。

自购买日以公允价值持续计算至 2×15 年年末可辨认净资产的账面价值 = 28 000 + 10 200 − 200 + 1 000 + 500 = 39 500(万元)

借:其他综合收益　　3 450
　　贷:投资收益　　3 000
　　　　其他综合收益　　300
　　　　资本公积——其他资本公积　　150

商誉的恢复 = 2 000×30% = 600(万元)

借:长期股权投资　　600
　　贷:其他综合收益　　600

● 剩余 70%股权按照权益法调整。

借:长期股权投资　　8 050
　　贷:投资收益　　7 000
　　　　其他综合收益　　700
　　　　资本公积——其他资本公积　　350

第三步:剩余 70%股权与子公司权益进行抵销。

借:股本　　9 000

资本公积　　18 500(16 000＋2 000＋500)

其他综合收益　　1 000

盈余公积　　1 170(150＋1 020)

期末未分配利润　　9 830(850＋10 200－200－1 020)

商誉　　2 000

贷:长期股权投资　　29 650(39 500×70%＋2 000)

少数股东权益　　11 850(39 500×30%)

第四步:母公司投资收益与子公司利润分配进行抵销。

借:投资收益　　10 000

未分配利润——年初　　850

贷:未分配利润——提取盈余公积　　1 020

——年末　　9 830(850＋10 000－1 020)

【服务号"老汤煲会计"提示】

合并财务报表最终的处理结果:

借:银行存款　　30 000

贷:少数股东权益　　11 850(39 500×30%)

其他综合收益　　18 150

(4)根据上述资料,编制甲公司 2×16 年 6 月 30 日个别财务报表中的相关会计分录,计算合并财务报表当期的处置损益。

自购买日以公允价值持续计算至 2×16 年 6 月 30 日可辨认净资产的账面价值＝39 500＋5 100－200/2＝44 500(万元)

①个别报表中 70%长期股权投资处置的会计分录。

借:银行存款　　20 000

投资收益　　1 000

贷:长期股权投资　　21 000(30 000×70%)

②个别报表中原 30%其他综合收益转投资收益的会计分录。

借:其他综合收益　　21 000

贷:投资收益　　21 000

个别报表中投资收益总和＝50 000－30 000＝20 000(万元)

2×16 年 1 月 1 日至 2×16 年 6 月 30 日,乙公司作为甲公司持股 70%的非全资子公司应纳入甲公司合并财务报表合并范围,乙公司实现的净利润 5 000 万元中归属于丙公司的份额 1 500 万元(5 000×30%),在甲公司合并财务报表中确认少数股东损益 1 500 万元并调整少数股东权益。

2×16 年 6 月 30 日，甲公司转让乙公司剩余 70%股权，丧失对乙公司的控制权，不再将乙公司纳入合并范围。甲公司应终止确认对乙公司的长期股权投资及少数股东权益等，并将处置价款 20 000 万元与享有的乙公司净资产份额 33 150 万元[(44 500×70%＋2 000 商誉)]之间的差额 13 150 万元，计入当期损益，并将其他综合收益和其他资本公积转为投资收益；同时，将第一次交易计入其他综合收益的 18 150 万元(21 000－3 450＋600)转入当期投资收益。

合并报表中投资收益总和＝－13 150＋1 000(其他综合收益)＋500(其他资本公积)＋18 150＝50 000－39 500×30%－44 500×70%－2 000(商誉)＋1 500＝6 500(万元)。或者，合并报表中投资收益总和＝50 000－30 000－10 000×100%－5 000×70%＝6 500(万元)。

● 对于 30%部分，要对其投资收益的归属期间进行调整。

借：投资收益	3 000	
贷：未分配利润——年初		3 000

● 对于 70%部分，在合并报表中的调整和抵销。

第一步，公允价值调整。

借：未分配利润——年初	200	
管理费用	100	
贷：少数股东损益		30(100×30%)
投资收益		270

第二步，权益法调整。

借：投资收益	7 000	
贷：未分配利润——年初		7 000
借：投资收益(替代长期股权投资)	3 500	
贷：投资收益(用于抵销)		3 500

第三步，母公司长期股权投资与子公司权益进行抵销。本题不涉及！

第四步，母公司投资收益与子公司利润分配进行抵销。

借：投资收益(用于抵销)	3 500	
少数股东损益	1 500	
贷：子公司利润表中损益类列报项目		5 000

第五步，应收股利与应付股利进行抵销。本题不涉及！

第 36 题（编号:CPA－KJ－YT41－36）

非同一控制下和同一控制下的企业合并

甲公司为上市公司，2×16 年至 2×19 年甲公司发生的相关事项如下：

（1）2×16 年 1 月 1 日，甲公司以银行存款 800 万元取得乙公司 80%股权，当日即取得对乙公司的控制权。购买日乙公司可辨认净资产的公允价值为 900 万元，账面价值为 1 000 万元（其中股本 600 万元，资本公积 100 万元，盈余公积 100 万元，未分配利润 200 万元），其差额因一项或有事项评估增值 100 万元形成，由于其发生的可能性尚未达到预计负债的确认条件，乙公司尚未确认。甲公司和乙公司在合并前无任何关联方关系。

（2）2×16 年 4 月 1 日，甲公司向乙公司销售一批存货，售价为 100 万元，增值税为 13 万元，成本为 80 万元，未计提存货跌价准备。至年末该批存货对外出售 30%，乙公司欠甲公司货款尚未结算，甲公司按应收账款余额的 4%对该项债权计提了坏账准备。乙公司当年末实现净利润 400 万元，因其他债权投资公允价值上升而确认其他综合收益增加额为 100 万元。购买日评估增值的预计负债已经判决，乙公司已赔偿款项 150 万元。

（3）2×17 年 1 月 1 日，A 公司定向增发 500 万股股票取得甲公司持有的乙公司 80%的股权，当日即取得对乙公司的控制权。股票的市场价格为每股 6 元。A 公司为发行股票支付手续费 5 万元，为取得股权投资支付审计费 3 万元。

（4）2×17 年度乙公司个别报表中共实现净利润 700 万元，其他综合收益增加 150 万元，同时因发行可转换公司债券确认其他权益工具 120 万元。至年末，2×16 年内部交易存货全部对外出售，价款全部收回。

（5）经股东大会批准，甲公司于 2×17 年 1 月 1 日对其子公司丙公司员工实施股权激励计划，主要内容为：甲公司向丙公司 50 名高管人员每人授予 1 万份现金股票增值权，服务期限为 3 年，自 2×19 年年末起每持有 1 份现金股票增值权可以从甲公司获得相当于行权当日甲公司股票每股市场价格的现金，除此之外无其他业绩条件。截至 2×17 年末，丙公司有 5 名管理人员离职，预计未来还将有 3 名管理人员离职。授予日，该现金股票增值权的公允价值为每份 10 元，2×17 年 12 月 31 日，该现金股票增值权的公允价值为每份 12 元。

其他资料：A 公司是甲公司的母公司；上述公司法定盈余公积按净利润的 10%计提，不计提任意盈余公积，不考虑所得税等其他因素的影响。

【要求】

(1)根据资料(1)，判断甲公司与乙公司的合并类型并说明理由；如属于非同一控制下企业合并，计算合并成本及合并商誉；如属于同一控制下的企业合并，计算应计入资本公积的金额。

(2)根据资料(1)(2)，编制 2×16 年年末甲公司合并报表的有关调整抵销分录。

(3)根据资料(3)(4)，计算 A 公司取得乙公司股权投资的初始投资成本以及因该投资确认的资本公积金额，并编制相关的会计分录。

(4)根据资料(5)，分析甲公司与丙公司应确认的股份支付类型并说明理由；计算 2×17 年年末甲公司个别报表中应确认的长期股权投资以及丙公司个别报表应确认的成本费用的金额并编制相关会计分录；编制 2×16 年末合并财务报表中对该项股份支付的调整抵销分录。

【解析】

(1)甲公司取得乙公司 80%的股权，属于非同一控制下的企业合并。

理由：甲公司和乙公司在合并前无任何关联方关系。

合并成本＝800(万元)，合并商誉＝800－900×80%＝80(万元)。

(2)甲公司 2×16 年调整后的净利润＝400＋100＝500(万元)

(3)甲公司长期股权投资与乙公司权益抵销。

第一步，公允价值调整。

借：资本公积	100	
贷：预计负债		100
借：预计负债	100	
贷：营业外支出		100

【服务号“老汤煲会计”提示】

只要预计负债相关的事项一旦实现，合并报表与个别报表中的差异就实现了，而且金额为 100 万元，与实际实现多少金额没有关系。第一种情况，如果乙公司最终确定没有或有负债，从合并角度来看，预计负债要冲销 100 万元，合并报表中的利润增加 100 万元；第二种情况，如果乙公司因或有事项而最终结清其款项为 60 万元，从合并的角度来看，合并期初确认的预计负债已经实现，预计负债 100 万元要冲销，合并报表中的利润增加 100 万元；第三种情况，如果乙公司因或有事项而最终结清其款项为 150 万元，从合并的角度来看，合并期初确认的预计负债已经实现，预计负债 100 万元要冲销，合并报表中的利润增加 100 万元。即只要子公司的或有事项最终结清，则期初合并报表中确认的预计负债要进行全额冲销，进而影响到合并报表中的利润。

第二步，权益法调整。

借：长期股权投资　　480

　贷：投资收益　　400(500×80%)

　　其他综合收益　　80(100×80%)

第三步，母公司长期股权投资与子公司权益进行抵销。

借：股本　　600

　资本公积　　0(100－100)

　其他综合收益　　100

　盈余公积　　140(100＋400×10%)

　未分配利润　　660(200＋400＋100－400×10%)

　商誉　　80

　贷：长期股权投资　　1 280

　　少数股东权益　　300

第四步，母公司投资收益与子公司利润分配进行抵销。

借：投资收益　　400(500×80%)

　少数股东损益　　100(500×20%)

　未分配利润——年初少数股东损益　　100(500×20%)

　未分配利润——年初　　200

　贷：未分配利润——本年提取盈余公积　　40

　　——年末　　660

第五步，应收股利与应付股利抵销。无！

(4)公司间内部交易进行抵销。

借：营业收入　　100

　贷：营业成本　　100

借：营业成本　　14

　贷：存货　　14[(100－80)×(1－30%)]

借：应付票据及应付账款　　113

　贷：应收票据及应收账款　　113

借：应收票据及应收账款　　4.52

　贷：信用减值损失　　4.52

(5)至 2×17 年 12 月 31 日，乙公司自购买日开始持续计算的可辨认净资产账面价值＝900＋500(公允价调整后利润)＋100(其他综合收益)＋700(第二年利润)＋150(其他综合收益)＋120(其他权益工具)＝2 470(万元)，初始投资成本＝2 470×80%＋80＝2 056(万元)，因该投资确认的资本公积 = 2 056 − 500 − 5 = 1 551(万元)。

A 公司是甲公司的母公司,形成同一控制的企业合并。相关的会计分录为:

借:长期股权投资　2 056

　贷:股本　500

　　资本公积——股本溢价　1 556

借:资本公积——股本溢价　5

　管理费用　3

　贷:银行存款　8

(6)股份支付会计处理。

①甲公司应作为现金结算的股份支付处理。理由:甲公司以现金股票增值权作为结算工具,属于现金结算的股份支付。丙公司无结算义务,作为权益结算的股份支付。

②甲公司个别报表应确认的长期股权投资 = 12 × 1 × (50 − 5 − 3) × 1/3 = 168(万元)

丙公司个别报表应确认的管理费用 = 10 × 1 × (50 − 5 − 3) × 1/3 = 140(万元)

③甲公司按现金结算的股份支付,其会计分录如下:

借:长期股权投资　168

　贷:应付职工薪酬　168

④丙公司按权益结算的股份支付,其会计分录如下:

借:管理费用　140

　贷:资本公积——其他资本公积　140

⑤合并报表中的抵销分录如下:

借:资本公积　140

　管理费用　28

　贷:长期股权投资　168

【服务号“老汤煲会计”提示】

集团内股份支付,类似于“顺流交易”,不用考虑少数股东权益的问题。如果子公司之间授予股份支付,则相当于“逆流交易”,会涉及与少数股东抵销相关的问题。

第 37 题（编号:CPA－KJ－YT41－37）

权益法(含内部交易)转为成本法

甲公司为境内上市公司并且是增值税一般纳税人。2×15 年和 2×16 年，甲公司发生的有关交易或事项如下：

(1)2×15 年 6 月 30 日，甲公司以 2 400 万元购入乙公司 26%股权，能够对乙公司施加重大影响，采用权益法核算；款项通过银行转账支付，股权过户登记手续于当日办理完成。当日，乙公司可辨认净资产公允价值为 10 000 万元，各项可辨认资产、负债的公允价值与其账面价值相同。

2×15 年 9 月 30 日，甲公司出售其生产的丙产品给乙公司，增值税专用发票上注明的销售价款 2 000 万元，增值税额 260 万元。截至 2×15 年 12 月 31 日，乙公司已对外出售所购丙产品的 50%。甲公司生产该批丙产品的成本为 1300 万元。

(2)2×15 年 11 月 20 日，甲公司与丁公司签订购买乙公司股权的协议，该协议约定，以 2×15 年 10 月 31 日经评估确定的乙公司可辨认净资产公允价值 14 800 万元为基础，甲公司以 4 800 万元购买丁公司持有的乙公司 30%股权。上述协议分别经交易各方内部决策机构批准，并于 2×15 年 12 月 31 日经监管机构批准。2×16 年 1 月 1 日，交易各方办理了乙公司股权过户登记手续。当日，甲公司对乙公司董事会进行改组，改组后的董事会由 9 名董事组成，其中甲公司派出 6 名。按乙公司章程规定，所有重大的经营、财务分配等事项经董事会成员 2/3 及以上表决通过后实施。

2×16 年 1 月 1 日，乙公司账面所有者权益构成为：实收资本 10 000 万元、资本公积 1 200 万元、盈余公积 800 万元、其他综合收益 700 万元、未分配利润 500 万元；乙公司可辨认净资产的公允价值为 15 000 万元，除一块土地使用权增值 1 800 万元外（该土地使用权属于乙公司办公用房所占用土地，尚可使用 30 年，预计无残值，按直线法摊销），其他各项可辨认资产、负债的公允价值与其账面价值相同，并且各项可辨认资产、负债的账面价值与其计税基础相同，甲公司原持有乙公司 26%股权的公允价值为 3 900 万元；甲公司购买乙公司 30%股权的公允价值为 4 800 万元。

(3)2×15 年，乙公司按其净资产账面价值计算实现的净利润为 2 200 万元，其中 7 月至

12 月实现的净利润为 1 200 万元，2×15 年 7 月至 12 月可重分类进损益的其他综合收益增加 700 万元。

2×16 年，乙公司于 2×15 年向甲公司购买的丙产品已全部实现对外销售。2×16 年，乙公司按其净资产账面价值计算实现的净利润为 2 500 万元，其他综合收益增加 650 万元。

其他有关资料：

第一，甲公司适用的所得税税率为 25%，甲公司购入乙公司股权按照实际成本作为计税基础，甲公司预计未来有足够的应纳税所得额用以抵减可抵扣暂时性差异。乙公司各项资产、负债按照取得时的成本作为计税基础，涉及企业合并的，以购买日(或合并日)的账面价值作为计税基础，其中因企业合并产生的商誉于处置合并相关资产时可税前扣除。甲公司拟长期持有乙公司股权。

第二，甲公司投资乙公司前，甲公司、乙公司、丁公司之间不存在关联方关系。

第三，乙公司除实现净利润、其他综合收益外，无其他权益变动事项；乙公司按其实现净利润的 10%计提法定盈余公积，没有进行其他分配。

第四，本题不考虑除所得税以外的其他相关税费以及其他因素。

【要求】

(1)计算 2×15 年 12 月 31 日甲公司持有的乙公司股权在其个别财务报表中列报的长期股权投资金额，编制甲公司取得及持有乙公司投资相关的会计分录。

(2)计算甲公司持有乙公司股权在其 2×15 年度合并财务报表中列报的投资收益金额，编制相关调整分录。假设甲公司有其他子公司，需要编制合并报表。

(3)判断甲公司增持乙公司 30%股权的交易类型，并说明理由，确定甲公司对乙公司的企业合并成本，如判断属于非同一控制下企业合并的，计算应予确认的商誉金额；判断乙公司应于何时纳入甲公司合并财务报表范围，并说明理由。

(4)编制甲公司 2×16 年末与其合并财务报表相关的调整和抵销分录。

【解析】

(1)计算 2×15 年 12 月 31 日甲公司持有的乙公司股权在其个别财务报表中列报的长期股权投资金额，编制甲公司取得及持有乙公司投资相关的会计分录。

2×15 年 12 月 31 日甲公司持有乙公司股权在其个别财务报表中列报的长期股权投资的金额 = 2 400 + (10 000×26% − 2 400)(负商誉，确认为营业外收入 200 万元，因拟长期持有，不用考虑所得税) + 1 200×26%(投资收益 312 万元) − (2 000 − 1 300)×(1 − 25%)×50%×26%(内部交易未实现调整 68.25 万元，且需要考虑所得税的影响) + 700×26%(其他综合收益 182 万元，已经是税后列报，不需要再考虑所得税) = 2 400 + 200 + 312 − 68.25 + 182 = 3 025.75(万元)

【服务号"老汤煲会计"提示】

负商誉会使得会计上多计资产，不会产生递延所得税负债，因为拟长期持有而不是对外出售；公司间内部交易未实现损益抵销，最终会通过出售而实现，所以，要考虑所得税的影响；子公司其他综合收益使用的是税后净额，而且会计上多计资产，有应纳税暂时性差异，但不确认递延所得税负债，因为拟长期持有而不是对外出售。

相关的会计分录如下：

借：长期股权投资——投资成本　　2 400

　贷：银行存款　　2 400

借：长期股权投资——投资成本　　200

　贷：营业外收入　　200（对价小于公允价对应份额）

借：长期股权投资——损益调整　　312（根据被投资企业利润确认投资收益）

　贷：投资收益　　312

借：投资收益　　68.25（公司间内部交易未实现部分的抵销）

　贷：长期股权投资——损益调整　　68.25

借：长期股权投资——其他综合收益　　182（其他综合收益对应的份额）

　贷：其他综合收益　　182

(2)计算甲公司持有乙公司股权在其 2×15 年度合并财务报表中列报的投资收益金额，编制相关调整分录。

甲公司持有乙公司股权在其 2×15 年度合并财务报表中列报的投资收益的金额 =（312 − 68.25）+ 68.25 = 312（万元）。个别报表中，顺流交易的内部交易未实现损益要进行抵销；合并报表中，要将个别报表中的"投资收益"改为"营业收入"、"营业成本"（报表的列报项目）。相关的调整分录如下：

借：营业收入　　260（2 000×50%×26%）

　贷：营业成本　　169（1 300×50%×26%）

　　投资收益　　91

借：投资收益　　22.75（91×25%）

　贷：所得税费用　　22.75（91×25%）

【服务号"老汤煲会计"提示】

在合并报表中，相当于顺流交易，按比例进行合并调整，将投资收益"拆分"为应该的"营业收入""营业成本"和"所得税费用"。

(3)判断甲公司增持乙公司 30%股权的交易类型，并说明理由，确定甲公司对乙公司的企业合并成本，如判断属于非同一控制下企业合并的，计算应予确认的商誉金额；判断乙公司应于何时纳入甲公司合并财务报表范围，并说明理由。

①甲公司增持乙公司 30%的股权后形成非同一控制下的企业合并。

理由:甲公司追加投资后持股比例为 56%,同时在乙公司的董事会中派出 6 名董事,占董事会人数的 2/3,能够控制乙公司的生产经营决策;且甲公司与丁公司在合并前不具有关联方关系,所以属于非同一控制下企业合并。

②合并报表中甲公司对乙公司的合并成本 = 3 900 + 4 800 = 8 700(万元)

③商誉 = 合并成本 8 700 - 购买日被购买方可辨认净资产公允价值份额(15 000 - 1 800×25%)×56% = 552(万元),因为应税合并,所以商誉的入账价值与计税基础相同。

④甲公司应在 2×16 年 1 月 1 日将乙公司纳入合并范围。

理由:必须同时满足五个条件:已经内部决策机构通过,经监管机构核准,已办理了必要的股权交接手续(或者控制权转移不存在实质性障碍),已支付了大部分价款,同时对乙公司的董事会进行重组实际取得控制权(此条件是最重要的),所以,2×16 年 1 月 1 日为购买日。

【服务号"老汤煲会计"提示】

个别报表中的初始投资成本 = 原权益法下的长期股权投资账面价值 + 新增投资的支付对价的公允价值 = 3 025.75 + 4 800 = 7 825.75(万元)。自 2×16 年 1 月 1 日起,在个别报表中长期股权投资以成本法进行后续计量,原权益法下的长期股权投资也按成本法进行后续计量,即权益下的长期股权投资不再进行"1 + 4 步"调整,原权益法下的公司间内部交易未实现损益部分不需要再调整。

(4)编制甲公司 2×16 年末与其合并财务报表相关的调整和抵销分录。

第一部分,对于原权益法下的长期股权投资视同处置。

①在合并报表中,将原有 26%的投资视同按公允价值进行处置。

借:长期股权投资(合并报表中)　　3 900
　贷:长期股权投资(权益法下)　　3 025.75
　　投资收益　　874.25

②将原权益法下确认的可重分类进损益的其他综合收益转为投资收益。

借:其他综合收益　　182
　贷:投资收益　　182

合并报表中因处置权益法所确认的投资收益 = 874.25 + 182 = 1 056.25(万元)

第二部分,合并报表中的调整与抵销(总共五步)。

第一步,公允价值调整(资产负债表和利润表)。

借:无形资产　　1 800
　贷:资本公积　　1 800
借:资本公积　　450
　贷:递延所得税负债　　450(1 800×25%)

借:管理费用　　60(1 800/30)

　贷:无形资产　　60

借:递延所得税负债　　15(60×25%)

　贷:所得税费用　　15

第二步,权益法调整。

公允价值调整后的净利润=2 500-1 800/30×(1-25%)=2 455(万元)

借:长期股权投资　　1 738.80

　贷:投资收益　　1 374.80(2 455×56%)

　　其他综合收益　　364(650×56%)

第三步,母公司长期股权投资与子公司所有者权益抵销。

2×16年年末以公允价值持续计算的乙公司账面价值=(15 000-450)(初始投资时乙公司可辨认净资产公允价值)+2 455(公允价值调整的净利润)+650(其他综合收益)=14 550+2 455+650=17 655(万元)

少数股东权益=17 655×44%=7 768.20(万元)

长期股权投资=8 700(投资成本)+2 455(公允价值调整的净利润)×56%+650(其他综合收益)×56%=8 700+1 374.80+364=10 438.80(万元)=17 655(持续计算的账面价值)×56%+552(商誉)

借:实收资本　　10 000

　资本公积　　2 550(1 200+1 800-450)

　盈余公积　　1 050(800+250)

　其他综合收益　　1 350(700+650)

　未分配利润——年末　　2 705(500+2 455-250)

　商誉　　552

　贷:长期股权投资　　10 438.80

　　少数股东权益　　7 768.20

第四步,母公司投资收益与子公司的利润分配进行抵销。

借:投资收益　　1 374.80

　少数股东损益　　1 080.20

　未分配利润——年初　　500

　贷:未分配利润——提取盈余公积　　250

　　——年末　　2 705

第五步,应收股利与应付股利的抵销。本题不涉及!

【知识点】

非同一控制下的企业合并。

第三部分,对于原权益法下的内部交易未实现损益,不需要进行会计处理。

【服务号“老汤煲会计”提示】

在此题中,有两个难点:

第一,权益法下公司间内部交易未实现损益部分,要进行抵销,进而会调减长期股权投资,要考虑所得税的影响。

第二,对于原权益法下的公司间内部交易未实现损益部分,在控制前,要借记“投资收益”,贷记“长期股权投资”;在控制后,无论以前的公司间内部交易未实现损益部分是否实现,个别报表和合并报表都不需要进行考虑和调整,因为这是“新计量基础”的开始。

第 38 题（编号:CPA－KJ－YT41－38）

持有待售处置组

甲公司在全国拥有 800 家规模大致相同的门店，甲公司决定将其位于 A 市的一家门店出售，A 市除了这家门店外还有 5 家门店。2×17 年 6 月 15 日，该门店的部分科目余额表如表 38－1 所示。当日，甲公司与乙公司签订转让协议，将该门店整体转让(不属于业务)，转让初定价格为 1 500 万元。假设该门店满足划分为持有待售类别的条件。

表 38—1　　2×17 年 6 月 15 日门店部分科目余额表(持有待售会计处理前)　　单位:万元

科目名称	借方余额	贷方余额
存货	90	
无形资产	1100	
累计摊销		30
无形资产减值准备		15
其他权益工具投资	50	
商誉	200	

至 2×17 年 6 月 15 日，无形资产还应当计提摊销 5 万元，无形资产用于管理用途。

2×17 年 6 月 15 日，存货市场价格下跌，可变现净值降为 50 万元；无形资产可收回金额降至 1 020 万元；其他权益工具投资的成本为 30 万元，当日的公允价值为 80 万元。

2×17 年 6 月 15 日，该门店的公允价值为 1 200 万元，乙公司在对门店进行检查时发现一些资产轻微破损，甲公司同意修理，预计维修费用为 30 万元，甲公司预计为转让门店还需支付律师和注册会计师专业咨询费共计 70 万元。假设甲公司不存在其他持有待售的非流动资产或处置组，不考虑税收影响。

2×17 年 6 月 30 日，该门店尚未完成转让，甲公司存货市场价格上升，可变现净值为 80 万元；其他权益工具投资的公允价值增加 10 万元。甲公司将预计修理费用调整为 20 万元，将律师和注册会计师咨询费预计金额调整至 40 万元。当日，该处置组整体的公允价值为 1 360

万元。

2×17 年 9 月 30 日，该门店完成转让，甲公司以银行存款支付维修费用和律师、注册会计师专业咨询费 35 万元。乙公司以银行存款支付所有转让价款 1 520 万元，其中存货的市场销售价格为 100 万元，其他权益工具的公允价值为 100 万元。只考虑与商品销售相关的增值税，甲公司为一般增值税纳税企业，所对应的增值税税率为 13%。

【要求】

(1)为甲公司编制该门店划分为持有待售前的会计分录；

(2)为甲公司编制该门店划分为持有待售时的会计分录；

(3)为甲公司编制 2×17 年 6 月 30 日相关的会计分录；

(4)为甲公司编制 2×17 年 9 月 30 日处置该门店时相关的会计分录；

(5)判断甲公司的该事项是否构成终止经营，并说明理由。

【解析】

(1)2×17 年 6 月 15 日，甲公司首次将该处置组划分为持有待售类别前，应当按照适用的会计准则计量各项资产和负债。

①对存货计提减值。

其成本为 90 万元，可变现净值为 50 万元，提取跌价准备 40 万元。

借：资产减值损失　　40(90－50)

　　贷：存货跌价准备　　40

②对无形资产计提摊销，计入管理费用。

借：管理费用　　5

　　贷：累计摊销　　5

③对无形资产计提减值。

其账面价值为 1 050 万元(1 100－30－5－15)，其可收回金额为 1 020 万元，计提减值 30 万元，减值后其账面价值为 1020 万元。

借：资产减值损失　　30

　　贷：无形资产减值准备　　30(1 050－1 020)

④确认其他权益工具投资公允价值变动。

借：其他权益工具投资——公允价值变动　　30

　　贷：其他综合收益——其他权益工具投资公允价值变动　　30

(2)为甲公司编制该门店划分为持有待售时的会计分录。

①2×17 年 6 月 15 日，甲公司将该门店划分为持有待售类别。

借:持有待售资产——存货 90

——无形资产 1 020

——其他权益工具投资 80

——商誉 200

存货跌价准备 40

无形资产减值准备 45

累计摊销 35

贷:持有待售资产减值准备——存货跌价准备 40

存货 90

无形资产 1 100

其他权益工具投资——成本 30

——公允价值变动 50

商誉 200

②划分为持有待售时,对处置组进行减值测试。

处置组公允价值减去出售费用后的净额 = 1200 − (70 + 30) = 1 100(万元)

持有待售处置组的减值损失 = (50 + 1020 + 200 + 80) − 1 100 = 250(万元)

持有待售资产的减值损失应当先抵减处置组中商誉的账面价值200万元;剩余金额50万元抵减"持有待售资产——无形资产"。

账务处理如下:

借:资产减值损失 250

贷:持有待售资产减值准备——商誉 200

——无形资产 50

(3)为甲公司编制2×17年6月30日相关的会计分录。

①按照存货准则的相关规定对存货进行计量。

借:持有待售资产减值准备——存货跌价准备 30(80 − 50)

贷:资产减值损失 30

②按照金融工具准则的相关规定对其他权益工具投资进行计量。

借:持有待售资产——其他权益工具投资 10

贷:其他综合收益——其他权益工具投资公允价值变动 10

③对处置组进行减值测试。

2×17年6月30日,按照其他适用准则重新计量后该处置组的账面价值为1 140万元(1 100 + 30 + 10),公允价值减去出售费用后的净额为1 300万元(1 360 − 20 − 40),高于账面价值160万元(1 300 − 1 140)。

处置组的公允价值减去出售费用后的净额后续增加的，应当在原已确认的持有待售资产减值损失范围内转回，但已抵减的商誉账面价值 200 万元不得转回，已经减值总额为 250 万元，因此，转回金额应当以 50 万元为限，持有待售资产——无形资产转回 50 万元。

借：持有待售资产减值准备——无形资产	50	
贷：资产减值损失		50

2×17 年 6 月 30 日，处置组账面价值 = 1 140 + 50 = 1 190（万元）。

（4）为甲公司编制 2×17 年 9 月 30 日处置该门店时相关的会计分录。

①支付维修费用和律师、注册会计师专业咨询费。

借：资产处置损益	35	
贷：银行存款		35

②终止确认处置组。

借：银行存款	1 520	
持有待售资产减值准备——商誉	200	
——存货跌价准备	10	
贷：持有待售资产——无形资产		1 020
——商誉		200
——其他权益工具投资		90
——存货		90
应交税费——应交增值税（销项税额）		13
资产处置损益		317

资产处置损益 = 1 520 -（商誉 0 + 无形资产 1 020 + 存货 80 + 其他权益工具投资 90 + 销项税额 13）= 1 520 - 1 190（处置组账面价值）- 13（存货的销项税额）= 317（万元）

③结转处置组中的其他综合收益。

借：其他综合收益——其他权益工具投资公允价值变动	60	
贷：资产处置损益		60

资产处置损益总额 = - 35 + 317 + 60 = 342（万元）

（5）判断甲公司的该事项是否构成终止经营，并说明理由。

甲公司的该事项不构成终止经营。理由如下：

虽然甲公司的该门店划分为持有待售类别，但甲公司在全国拥有 800 家规模大致相同的门店，A 市除了这家门店外还有 5 家门店，这家门店不代表一个单独的主要经营地区，也不构成一个单独的主要经营地区进行处置的一项相关联计划的一部分，不满足终止经营的定义，不属于终止经营。

【服务号“老汤煲会计”提示】

终止经营，是指企业满足下列条件之一的、能够单独区分的组成部分，且该组成部分已经处置或划分为持有待售类别：

①该组成部分代表一项独立的主要业务或一个单独的主要经营地区；

②该组成部分是拟对一项独立的主要业务或一个单独的主要经营地区进行处置的一项相关联计划的一部分；

③该组成部分是专为转售而取得的子公司。

第 39 题（编号：CPA－KJ－YT41－39）

政府会计

某事业单位于 2×19 年发生以下相关经济业务：

(1)2×18 年年末财政直接支付指标数与当年财政直接支付实际支出数之间的差额为 100 万元。2×19 年年初，财政部门恢复了该单位的财政直接支付额度。2×19 年 1 月 12 日，该事业单位以财政直接支付方式购买一批办公用物资(属于上年预算指标数)，支付给供应商 50 万元价款。

(2)2×19 年 3 月，根据经过批准的部门预算和用款计划，向同级财政部门申请财政授权支付用款额度 200 万元。5 月 6 日，财政部门经审核后，以财政授权支付方式下达了 150 万元用款额度。5 月 9 日，该事业单位收到了代理银行转来的“授权支付到账通知书”。5 月 30 日，支付水电费 150 万元。

(3)2×19 年 7 月 1 日，该事业单位接受其他部门无偿调入物资一批，该批物资在调出方的账面价值为 2500 万元，经验收合格后入库。在调入过程中以银行存款支付了运输费 100 万元。

(4)2×19 年 8 月 30 日，该事业单位经批准以其 1 台办公设备置换另一单位的库存物品一批，库存物品已验收入库。该办公设备账面余额 20 万元，已计提折旧 10 万元，评估价值为 15 万元。置换过程中该单位收到对方支付的补价 1 万元已存入银行，另外以现金支付运输费 0.5 万元。

(5)2×19 年 12 月 31 日，该事业单位本年度财政授权支付预算指标数与当年零余额账户用款额度实际下达数之间的差额为 150 万元。

【要求】

不考虑其他因素，根据上述资料为该事业单位编制相关的会计分录。

【解析】

(1)事项(1)：

①2×18 年 12 月 31 日，补记指标 100 万元。

财务会计分录如下：

借:财政应返还额度——财政直接支付 100

贷:财政拨款收入 100

同时,预算会计分录如下:

借:资金结存——财政应返还额度 100

贷:财政拨款预算收入 100

②2×19年1月12日,使用上年度预算指标购买办公物资。

财务会计分录如下:

借:固定资产 50

贷:财政应返还额度——财政直接支付 50

同时,预算会计分录如下:

借:事业支出 50

贷:资金结存——财政应返还额度 50

(2)事项(2):

①2×19年5月9日,该事业单位收到了代理银行转来的“授权支付到账通知书”。

财务会计分录如下:

借:零余额账户用款额度 150

贷:财政拨款收入 150

同时,预算会计分录如下:

借:资金结存——零余额账户用款额度 150

贷:财政拨款预算收入 150

②2×19年5月30日,支付水电费150万元。

财务会计分录如下:

借:单位管理费用 150

贷:零余额账户用款额度 150

同时,预算会计分录如下:

借:事业支出 150

贷:资金结存——零余额账户用款额度 150

(3)事项(3):

2×19年7月1日,事业单位接受其他部门无偿调入物资一批,并支付运输费。

财务会计分录如下:

借:库存物品 2 600

贷:银行存款 100

无偿调拨净资产 2 500

同时，预算会计分录如下：

借：其他支出　　100

　贷：资金结存——货币资金　　100

(4)事项(4)：

2×19 年 8 月 30 日，事业单位经批准以其 1 台办公设备置换另一单位的库存物品。

财务会计分录如下：

借：库存物品　　14.5(15 - 1 + 0.5)

　固定资产累计折旧　　10

　银行存款　　1

　贷：固定资产　　20

　　库存现金　　0.5

　　应缴财政款　　0.5

　　其他收入　　4.5

同时，预算会计分录如下：

借：其他支出　　0.5

　贷：资金结存——货币资金　　0.5

(5)事项(5)：

2×19 年 12 月 31 日，补记指标 150 万元。

财务会计分录如下：

借：财政应返还额度——财政授权支付　　150

　贷：财政拨款收入　　150

同时，预算会计分录如下：

借：资金结存——财政应返还额度　　150

　贷：财政拨款预算收入　　150

第40题（编号:CPA－KJ－YT41－40）

会计估计变更

40.1 无形资产摊销方法的改变（编号:CPA－KJ－YT41－40－1）

经董事会和股东大会批准，甲公司于2×17年1月1日开始，用于生产产品的无形资产的摊销方法由年限平均法改为产量法。甲公司生产用无形资产2×17年年初账面余额为7 000万元，原每年摊销700万元（与税法规定相同），累计摊销额为2 100万元，未发生减值；按产量法摊销，每年摊销800万元。变更日该无形资产的计税基础与其账面余额相同。适用的所得税税率为25%，假设生产的产品全部对外出售。

【要求】

计算2×17年计入损益的金额，并编制相关的会计分录。

【解析】

（1）2×17年计入损益的金额＝－800（万元）

（2）无形资产摊销方法的变更属于会计估计变更，采用未来适用法，因此，2×17年生产用无形资产的摊销全部计入主营业务成本，并考虑所得税影响。相应的会计分录如下：

①计提摊销，并计入主营业务成本。

借：主营业务成本	800	
贷：累计摊销		800

②确认递延所得税。

无形资产的账面价值＝7 000－800＝6 200（万元），计税基础＝7 000－700＝6 300（万元），账面价值小于计税基础，确认递延所得税资产25万元（100×25%）。

借：递延所得税资产	25	
贷：所得税费用		25

40.2 固定资产折旧年限重新估计（编号:CPA－KJ－YT41－40－2）

甲公司2×14年度发生的有关交易或事项以及相关的会计处理如下：2×14年10月1日，甲公司董事会决定将某管理用固定资产的折旧年限由10年调整为20年，该项变更自

2×14 年 1 月 1 日起执行。董事会会议纪要中对该事项的说明为：考虑到公司对某管理用固定资产的实际使用情况发生变化，将该固定资产的折旧年限调整为 20 年，这更符合其经济利益的预期消耗方式。

上述管理用固定资产系甲公司于 2×11 年 12 月购入，原值为 3 600 万元，甲公司采用年限平均法计提折旧，预计净残值为零。税法规定该固定资产的计税年限最低为 15 年，甲公司在计税时按照 15 年计算确定的折旧在所得税前扣除。在 2×14 年度财务报表中，甲公司对该固定资产按照调整后的折旧年限计算的年折旧额为 160 万元，与该固定资产相关的递延所得税资产余额为 40 万元。

【要求】

说明甲公司的会计处理是否正确，并说明理由。对于不正确的会计处理，编制更正的会计分录（作为当期会计差错更正）。

【解析】

甲公司的会计处理不正确。固定资产折旧年限的改变，属于会计估计变更，应自变更日开始在未来期适用，不应调整已计提的折旧。

(1)计算 2×14 年应计折旧额。

- 2×14 年 1～9 月折旧额 = 3 600/10/12×9 = 270（万元）
- 2×14 年 10～12 月折旧额 =（3 600 − 3 600/10×2 − 270）/（20×12 − 2×12 − 9）×3 = 2 610/207×3 = 37.83（万元）
- 2×14 年 1～12 月应计折旧额 = 270 + 37.83 = 307.83（万元）
- 2×14 年应补提折旧额 = 307.83 − 160 = 147.83（万元）

(2)确认递延所得税。

- 2×14 年 12 月 31 日账面价值 = 3 600 − 3 600/10×2 − 307.83 = 2 572.17（万元）
- 2×14 年 12 月 31 日计税基础 = 3 600 − 3 600/15×3 = 2 880（万元）
- 可抵扣暂时性差异 = 2 880 − 2 572.17 = 307.83（万元）
- 应确认的递延所得税资产余额 = 307.83×25% = 76.96（万元）
- 递延所税资产的变化额 = 76.96 − 40 = 36.96（万元）
- 或者，直接计算递延所得税资产的变化额 = 账面价值下降×税率 = 147.83×25% = 36.96（万元）

借：管理费用	147.83	
贷：累计折旧		147.83
借：递延所得税资产	36.96	
贷：所得税费用		36.96

第 41 题（编号:CPA－KJ－YT41－41）

判断与会计差错更正

41.1 宣传营销品不作为存货（编号:CPA—KJ—YT41—41—1）

为促进玩具销售，甲公司投资拍摄动漫影视作品。在获得国产电视动画片发行许可证，并在省版权局进行版权登记拥有版权之后，甲公司将影视作品制作支出确认为存货；将为播放影视作品支付给电视台的播出、广告等费用计入当期销售费用；销售动漫玩具产品时，每月按动漫玩具实现的销售收入占预计总销量收入（动漫玩具未来 3 年预计收入）的比例对影视剧投资支出金额进行摊销，确认为营业成本。

【要求】

判断并说明甲公司的会计处理是否正确，并说明理由。

【解析】

甲公司的会计处理不正确。

理由：甲公司以生产销售玩具为主营业务，投资拍摄动漫影视作品的目的是为了促进动漫玩具销售，不是通过销售动漫影视作品著作权、发行权、放映权盈利，且甲公司一直的盈利模式中不包括通过销售版权获取盈利。因此，甲公司的动漫影视作品拍摄支出应比照广告费用处理。即甲公司应将影视作品制作支出、为播放影视作品支付给电视台的播出和广告等费用计入当期销售费用，不应将影视作品制作支出确认为存货并在以后的期间摊销。

另外，如果是冷饮生产厂家用于营销的冰箱，支付款项时，作为“预付账款”；收到冰箱时，作为“销售费用”。

41.2 在建工程未及时转为固定资产（编号:CPA—KJ—YT41—41—2）

2×16 年 6 月 30 日已达到预定可使用状态的管理用办公楼仍挂在在建工程账户，未转入固定资产，也未计提折旧。至 2×16 年 6 月 30 日该办公楼的实际成本为 2 400 万元，预计使用年限为 10 年，预计净残值为零，采用年限平均法计提折旧。2×16 年 7 月 1 日至 12 月 31 日发生的为购建该办公楼借入的专门借款利息 40 万元计入了在建工程成本，2×16 年年末未发生减值。

【要求】

判断该公司的会计处理是否正确并说明理由；如果会计处理不正确，编制相应的更正分录。

【解析】

会计处理不正确。

理由：所建造资产达到预定可使用状态应自在建工程转入固定资产，并计提折旧；此后发生的专门借款利息费用应计入当期损益（财务费用）。更正分录如下：

①将计入在建工程中的利息费用转为财务费用。

借：财务费用　　40

　　贷：在建工程　　40

②将在建工程转为固定资产。

借：固定资产　　2 400

　　贷：在建工程　　2 400

③补提固定资产的折旧。

借：管理费用　　120（2 400/10×6/12）

　　贷：累计折旧　　120

41.3　固定资产减值不可转回（编号：CPA－KJ－YT41－41－3）

甲公司的 X 设备于 2×14 年 10 月 20 日购入且当月达到预定可使用状态，取得成本为 6 000 万元，预计使用年限为 5 年，预计净残值为零，按年限平均法计提折旧。

2×16 年 12 月 31 日，甲公司对 X 设备计提了减值准备 680 万元。假设预计使用年限不变，预计净残值为零。

2×17 年 12 月 31 日，X 设备的市场价格为 2 200 万元，预计设备使用及处置过程中所产生的未来现金流量现值为 1 980 万元。

甲公司在对该设备计提折旧的基础上，于 2×17 年 12 月 31 日转回了原计提的部分减值准备 440 万元，相关会计处理如下：

借：固定资产减值准备　　440

　　贷：资产减值损失　　440

【要求】

判断甲公司会计处理是否正确；如不正确，简要说明理由，并编制更正有关会计差错的会计分录（有关会计差错更正按当期差错处理，不要求编制调整盈余公积的会计分录）。

【解析】

固定资产减值准备一经计提，不能转回。更正分录为：

借:资产减值损失　　440

　　贷:固定资产减值准备　　440

2×16年12月31日X设备的账面价值=6 000－6 000/(5×12)×(2+12×2)－680(当年末提取的资产减值)=2 720(万元)

2×17年12月31日X设备的账面价值=2 720－2 720/(10+2×12)×12=1 760(万元)

2×17年12月31日X设备可收回金额2 200大于账面价值1 760,无需计提减值准备,而且减值不允许回转。

41.4　划分为持有待售的固定资产不再计提折旧(编号:CPA－KJ－YT41－41－4)

甲公司为上市公司,该公司内部审计部门在对其2×17年度财务报表进行内审时,对以下交易或事项的会计处理提出疑问:

经董事会批准,甲公司2×17年9月30日与乙公司签订一项不可撤销的销售合同,将位于城区的办公用房转让给乙公司。合同约定,办公用房转让价格为6 200万元,乙公司应于2×18年1月15日前支付上述款项;甲公司应协助乙公司于2×18年2月1日前完成办公用房所有权的转移手续。

甲公司办公用房系2×12年3月达到预定可使用状态并投入使用,成本为9 800万元,预计使用年限为20年,预计净残值为200万元,采用年限平均法计提折旧,至2×17年9月30日签订销售合同时未计提减值准备。

2×17年度,甲公司对该办公用房共计提了480万元折旧,相关会计处理如下:

借:管理费用　　480

　　贷:累计折旧　　480

【要求】

判断甲公司会计处理是否正确;如不正确,简要说明理由,并编制更正有关会计差错的会计分录(有关会计差错更正按当期差错处理,不要求编制调整盈余公积的会计分录)。

【解析】

甲公司的会计处理不正确。

理由:该房产于2×17年9月底已满足持有待售固定资产的定义,因此应于当时即停止计提折旧,同时进行减值测试。

(1)在划分为持有待售之前,按固定资产准则的要求计提折旧,所以,2×17年的折旧费用为(9 800－200)/20×(9/12)=360(万元),转换前的固定资产的账面价值=9 800－360 －480×4－360=7 160(万元)。

(2)在划分为持有待售时,原账面价值7 160万元大于公允价值减去出售费用后的净额

6 200 万元，应计提减值准备 960 万元(7 160－6 200)。

(3)更正分录。

①在划分为持有待售前计提折旧，划分为持有待售后不再计提折旧。

原会计处理中，多计提折旧＝480/12×3＝120(万元)。

借：累计折旧　　120

　　贷：管理费用　　120

②在划分为持有待售时，改“名字”。

借：持有待售资产——固定资产　　7 160

　　累计折旧　　2 640

　　贷：固定资产　　9 800

③在划分为持有待售时，进行减值测试，并确认减值损失。

借：资产减值损失　　960

　　贷：持有待售资产减值准备——固定资产　　960

41.5 金融资产的分类(编号:CPA－KJ－YT41－41－5)

2×16 年 1 月 1 日，甲公司以 1 000 万元购买了乙公司资产支持计划项目发行的收益凭证。根据合同约定，该收益凭证期限三年，预计年收益率为 6%。当年收益于下年 1 月底前支付；收益凭证到期时按照资产支持计划所涉及资产的实际现金流量情况支付全部或部分本金；发行方不保证偿还全部本金和支付按照预计收益率计算的收益。该收益凭证于 2×16 年 12 月 31 日的公允价值为 980 万元。2×16 年，甲公司的会计处理如下：

借：债权投资　　1 000

　　贷：银行存款　　1 000

借：应收利息　　60

　　贷：投资收益　　60

【要求】

说明甲公司会计处理是否正确并说明理由；如果会计处理不正确，编制相应的更正分录(有关会计差错更正按当期差错处理，不要求编制调整盈余公积的会计分录)。

【解析】

甲公司的会计处理不正确。

理由：该投资不能通过合同现金流量测试，应划分为以公允价值计量且其变动计入当期损益的金融资产；因发行方不保证支付按照预计收益率计算的收益，则应在实际收到时按实际收到金额确认。更正分录如下：

(1)金融资产的分类不对，应该将“债权投资”分类为“交易性金融资产”。

借:交易性金融资产——成本　　1 000

　　贷:债权投资　　1 000

(2)冲销投资收益,因为不符合确认的条件。

借:投资收益　　60

　　贷:应收利息　　60

(3)确认公允价值变动,并计入公允价值变动损益。

借:公允价值变动损益　　20

　　贷:交易性金融资产——公允价值变动　　20

41.6 债权投资的后续计量(编号:CPA-KJ-YT41-41-6)

2×17年1月2日,甲公司自公开市场以2 936.95万元购入乙公司于当日发行的公司债券30万张,该债券每张面值为100元,票面年利率为5.5%,该债券为5年期,分期付息(于下一年度的1月2日支付上一年利息)、到期还本。甲公司拟长期持有该债券以获得本息流入,并且甲公司没有对外出售的意图。甲公司对该交易事项的会计处理如下:

借:债权投资——成本　　3 000

　　贷:银行存款　　2 936.95

　　　　财务费用　　63.05

借:应收利息　　165

　　贷:投资收益　　165

(P/A,6%,5)=4.212 4,(P/F,6%,5)=0.747 3

【要求】

2×17年12月31日判断其会计处理是否正确并说明理由;如果甲公司的会计处理不正确,请编制更正的会计分录。

【解析】

甲公司的会计处理不正确。

理由:甲公司购买债券,根据债券的合同现金流量特征和企业的业务管理模式,应该分类为"债权投资",并且以摊余成本进行后续计量。折价购买债券的折价部分,应该计入到成本而不作为财务费用。更正分录为:

(1)将财务费用转为"债权投资——利息调整"。

借:财务费用　　63.05

　　贷:债权投资——利息调整　　63.05

(2)调整债券投资的投资收益和债权投资的账面价值。

①该债券预计未来现金流量的现值 = 165×(P/A,6%,5) + 3 000×(P/F,6%,5) = 165×4.212 4 + 3 000×0.747 3 = 2 936.95,因此,该债券的实际利率为 6%。

②本期的投资收益 = 2 936.95×6% = 176.22(万元)

③本期应调整的"利息调整"金额 = 176.22 − 165 = 11.22(万元)

借:债权投资——利息调整　　11.22

　贷:投资收益　　11.22

41.7 债权投资重分类(编号:CPA－KJ－YT41－41－7)

2×15 年 12 月 20 日,因流动资金短缺,甲公司将以摊余成本计量的丁公司债券出售 30%,出售所得价款 2 700 万元已通过银行收取。甲公司改变其业务管理模式,并书面决定对外出售,将所持有丁公司的剩余部分重分类为交易性金融资产,并计划于 2×16 年初出售。该债权投资于出售 30%之前的账面摊余成本为 8 500 万元,未计提减值准备。2×15 年年末预计债券的公允价值为 6 400 万元。甲公司的会计处理如下:

借:银行存款　　2 700

　交易性金融资产　　6 400

　贷:债权投资　　8 500

　　投资收益　　600

【要求】

判断甲会计处理是否正确并说明理由;如果甲公司的会计处理不正确,请编制更正的会计分录。

【解析】

甲公司的会计处理不完全正确。

理由:企业改变其业务管理模式,将以摊余成本计量的金融资产改变为对外出售,这符合准则的要求。

但是,重分类日为导致企业对金融资产进行重分类的业务模式发生变更后首个报告期间的第一天,即 2×16 年 1 月 1 日。换句话说,2×15 年 12 月 31 日,不应该对剩余的 70%债权投资进行重分类。

(1)将重分类进行"冲销"。

借:债权投资　　5 950(8 500×70%)

　投资收益　　450

　贷:交易性金融资产　　6 400

(2)如果该债券在 2×16 年 1 月 1 日的公允价值为 6 500 万元,则会计分录为:

借:交易性金融资产　　6 500
　　贷:债权投资　　5 950(8 500×70%)
　　　　公允价值变动损益　　550

41.8 金融资产转移的判断(编号:CPA－KJ－YT41－41－8)

2×12 年 5 月 1 日,甲公司与丙公司达成协议,将收取一组住房抵押贷款 90%的权利,以 9 100 万元的价格转移给丙公司,甲公司继续保留收取该组贷款 10%的权利。根据双方签订的协议,如果该组贷款发生违约,则违约金额首先从甲公司拥有的 10%的权利中扣除,直至扣完为止。2×12 年 5 月 1 日,甲公司持有的该组住房抵押贷款本金和摊余成本均为 10 000 万元(等于公允价值)。该组贷款期望可收回金额为 9 700 万元,过去的经验表明类似贷款可收回金额至少不会低于 9 300 万元。甲公司在该项金融资产转移交易中提供的信用增级的公允价值为 100 万元。甲公司将该项交易作为以继续涉入的方式转移金融资产,并作如下会计处理:

借:银行存款　　9 100
　　继续涉入资产——次级权益　　1 000
　　贷:贷款　　9 000
　　　　继续涉入负债　　1 100

【要求】

判断甲公司 2×12 年 5 月 1 日将部分住房抵押贷款转移的会计处理是否正确,并说明理由;如果甲公司的会计处理不正确,请编制更正的会计分录。

【解析】

甲公司的会计处理不正确。

理由:甲公司继续保留了该组住房抵押贷款的所有重大风险,不应终止该组住房抵押贷款,同时,要确认额外融资债款。更正会计分录:

借:贷款　　9 000
　　继续涉入负债　　1 100
　　贷:金融负债　　9 100
　　　　继续涉入资产　　1 000

根据题目中给定条件"该组贷款期望可收回金额为 9 700 万元,过去的经验表明类似贷款可收回金额至少不会低于 9 300 万元",最大的信用风险为 700 万元,全部由甲公司承担,故与贷款相关的信用风险并没有转移。

41.9　不终止确认的保理义务(编号:CPA－KJ－YT41－41－9)

2×15 年 12 月 31 日,甲公司与乙银行签订应收账款保理协议,协议约定,甲公司将应收大华公司账款 9 500 万元出售给乙银行,价格为 9 000 万元,如果乙银行无法在应收账款信用期过后 6 个月内收回款项,则有权向甲公司追索。合同签订当日,甲公司将应收大华公司账款的有关资料已交付乙银行,并书面通知大华公司,乙银行向甲公司支付了 9 000 万元。转让时,甲公司已对应收账款计提了 1 000 万元的坏账准备。甲公司的会计处理如下:

借:银行存款　9 000

　坏账准备　1 000

　　贷:应收账款　9 500

　　　营业外收入　500

【要求】

判断甲公司的会计处理是否正确并说明理由;如果甲公司的会计处理不正确,请编制更正的会计分录。

【解析】

甲公司会计处理不正确。

理由:因乙银行在到期后对甲公司具有追索权,该项应收账款不能终止确认,应将收到的款项确认为短期借款。更正分录如下:

借:应收账款　9 500

　营业外收入　500

　　贷:短期借款　9 000

　　　坏账准备　1 000

如果将银行承兑汇票对外贴现,如果贴现银行有追索权,此时分两种情况:一是,如果承兑银行的信用等级比较高,则终止确认银行承兑汇票,收现额与汇票账面价值的差额计入当期财务费用;二是,如果承兑银行的信用等级不高,则视作为抵押借款,并分期确认财务费用。

41.10　分期付款购买无形资产(编号:CPA－KJ－YT41－41－10)

2×17 年 4 月 1 日,甲公司与丙公司签订合同,自丙公司购买 ERP 销售系统软件供其销售部门使用,合同价格 3 000 万元。因甲公司现金流量不足,按合同约定价款自合同签订之日起满 1 年后分 3 期支付,每年 4 月 1 日支付 1 000 万元。现有市场中的销售价格为 2 486.9 万元。

该软件取得后即达到预定用途。甲公司预计其使用寿命为 5 年,预计净残值为零,采用年限平均法摊销。

甲公司 2×17 年对上述交易或事项的会计处理如下：

借:无形资产　　3 000

　　贷:长期应付款　　3 000

借:销售费用　　450

　　贷:累计摊销　　450

(P/A,10%,3)=2.486 9

【要求】

判断甲公司会计处理是否正确;如不正确,简要说明理由,并编制更正有关会计差错的会计分录(有关会计差错更正按当期差错处理,不要求编制调整盈余公积的分录)。

【解析】

甲公司的会计处理不正确。

理由:分期付款购买无形资产,应该按分期支付的价款的现值之和作为无形资产的入账价值,入账价值应为 2 486.9 万元,应确认未确认融资费用 513.1 万元。更正分录为:

(1)应该以现值作为无形资产的入账价值,即减少无形资产的账面价值,并确认"未确认融资费用"。

借:未确认融资费用　　513.1

　　贷:无形资产　　513.1

(2)更正无形资产的摊销。

无形资产应有的摊销金额=2 486.9/5×9/12=373.04(万元)

冲销多计提的摊销金额=450-373.04=76.96(万元)

借:累计摊销　　76.96

　　贷:销售费用　　76.96

(3)确认财务费用。

财务费用=2 486.9×10%×(9/12)=186.52(万元)

借:财务费用　　186.52

　　贷:未确认融资费用　　186.52

【服务号"老汤煲会计"提示】

使用不完整年的时间节点 4 月 1 日,这是考试中常用的"套路":"时间漂移",即要注意固定资产折旧的开始月份、无形资产摊销的开始月份、企业合并的控制日。

41.11　土地使用权出租转为自用(编号:CPA-KJ-YT41-41-11)

甲公司自 2×16 年 1 月 1 日起将一块尚可使用 40 年的出租土地使用权转为自用并计划

在该土地上建造厂房。转换日，该土地使用权的公允价值为 2 000 万元，账面价值为 1 800 万元。截至 2×16 年 12 月 31 日，甲公司为建造厂房实际发生除土地使用权以外的支出 1 800 万元，均以银行存款支付。

该土地使用权于 2×06 年 1 月 2 日取得，成本为 950 万元，可使用 50 年，取得后即出租给其他单位。甲公司对该出租土地使用权采用公允价值模式进行后续计量。

2×16 年 1 月 1 日，甲公司的会计处理如下：

借：在建工程	3 800	
贷：投资性房地产——成本		950
——公允价值变动		850
银行存款		1 800
公允价值变动损益		200

【要求】

判断甲公司会计处理是否正确；如不正确，简要说明理由，并编制更正有关会计差错的会计分录。

【解析】

甲公司的会计处理不正确。

理由：甲公司将公允价值模式后续计量的投资性房地产转换为自用土地使用权（作为无形资产核算），该项无形资产是以转换日的公允价值计量，投资性房地产以转换日的账面价值计量，账面价值与公允价值的差额记入当期损益。在以后期间为建造固定资产发生的支出应计入在建工程。更正分录的处理如下：

（1）土地使用权不计入在建工程。

借：无形资产	2 000	
贷：在建工程		2 000

（2）建设期间，土地使用权摊销计入在建工程。

借：在建工程	50	
贷：累计摊销		50

41.12　无法估计退货率的销售（编号：CPA－KJ－YT41－41－12）

2×12 年 8 月 1 日，甲公司与丁公司签订产品销售合同。合同约定，甲公司向丁公司销售最近开发的 C 商品 1 000 件，售价（不含增值税）为 500 万元，增值税税额为 65 万元；甲公司于合同签订之日起 10 日内将所售 C 商品交付丁公司，丁公司于收到 C 商品当日支付全部款项；丁公司有权于收到 C 商品之日起 6 个月内无条件退还 C 商品。2×12 年 8 月 5 日，甲公司将 1 000 件 C 商品交付丁公司并开出增值税专用发票，同时，收到丁公司支付的款项 565 万元。

该批 C 商品的成本为 400 万元。由于 C 商品系初次销售，甲公司无法估计退货的可能性。甲公司对上述交易或事项的会计处理为：

借：银行存款　565

　贷：主营业务收入　500

　　应交税费——应交增值税（销项税额）　65

借：主营业务成本　400

　贷：库存商品　400

【要求】

判断甲公司的会计处理是否正确，并说明理由；如果甲公司的会计处理不正确，编制更正乙公司 2×12 年度财务报表的会计分录（编制更正分录时可以使用报表项目）。

【解析】

甲公司的会计处理不正确。

理由：附有销售退回条件的商品，如不能根据以往经验确定退回可能性，不应确认收入，同时也不结转成本。更正分录如下：

（1）冲销主营业务收入，并确认预计负债。

借：主营业务收入　500

　贷：预计负债——应付退货款　500

（2）冲销主营业务成本，并确认应收退货成本。

借：其他非流动资产（应收退货成本）　400

　贷：主营业务成本　400

41.13　收取手续费方式的委托代销（编号：CPA－KJ－YT41－41－13）

2×13 年，甲公司尝试通过中间商扩大 B 商品市场占有率。甲公司与中间商签订的合同分为两类。第一类合同约定：甲公司按照中间商要求发货，中间商按照甲公司确定的售价 3 000 元/件对外出售，双方按照实际售出数量定期结算，未售出商品由甲公司收回，中间商就所销售 B 商品收取提成费 200 元/件；该类合同下，甲公司 2×13 年共发货 1 000 件，中间商实际售出 800 件。第二类合同约定：甲公司按照中间商要求的时间和数量发货，甲公司出售给中间商的价格为 2 850 元/件，中间商对外出售的价格自行确定，未售出商品由中间商自行处理；该类合同下，甲公司 2×13 年共向中间商发货 2 000 件。甲公司向中间商所发送 B 商品数量、质量均符合合同约定，成本为 2 400 元/件。

甲公司对上述事项的会计处理如下：

借:应收账款　　870

　　贷:主营业务收入　　870

借:主营业务成本　　720

　　贷:库存商品　　720

借:销售费用　　20

　　贷:应付账款　　20

【要求】

判断甲公司的会计处理是否正确,并说明理由;如不正确,编制当期更正分录。

【解析】

甲公司的会计处理不正确。

理由:第一类合同本质上属于收取手续费方式的委托代销,在中间商未对外实际销售前,不能确认收入,也不能确认与未售商品相关的手续费。

委托代销中有 200 件没有对外出售,其对应价款总额为 60 万元(200×3 000),不确认收入;其对应的销售提成为 4 万元(200×200),不确认销售费用;其对应的成本为 48 万元(200×2 400),不确认成本。

(1)冲销主营业务收入。

借:主营业务收入　　60

　　贷:应收账款　　60

(2)冲销主营业务成本。

借:发出商品　　48

　　贷:主营业务成本　　48

(3)冲销销售费用。

借:应付账款　　4

　　贷:销售费用　　4

41.14　BOT 业务(编号:CPA－KJ－YT41－41－14)

甲公司设立全资乙公司,从事公路的建设和经营,2×12 年 3 月 5 日,甲公司(合同投资方)、乙公司(项目公司)与某地政府(合同授予方)签订特许经营协议,该政府将一条公路的特许经营权授予甲公司。协议约定,甲公司采用“建设—经营—移交”方式进行公路的建设和经营,建设期 3 年,经营期 30 年;建设期内,甲公司按约定的工期和质量标准建设公路,所需资金自行筹集;公路建造完成后,甲公司负责运行和维护,按照约定的收费标准收取通行费;经营期满后,甲公司应按协议约定的性能和状态将公路无偿移交给政府。项目运行中,建造及运营、维护均由乙公司实际执行。

乙公司采用自行建造的方式建造公路，截至 2×12 年 12 月 31 日，累计实际发生建造成本 20 000 万元（其中：原材料 13 000 万元，职工薪酬 3 000 万元，机械作业 4 000 万元），预计完成建造尚需发生成本 60 000 万元，乙公司预计应收对价的公允价值为项目建造成本加上 10％的利润。

乙公司对上述交易或事项的会计处理为：

借：合同履约成本　20 000

　贷：原材料　13 000

　　应付职工薪酬　3 000

　　累计折旧　4 000

【要求】

判断乙公司的会计处理是否正确，并说明理由；如果乙公司的会计处理不正确，编制更正甲公司 2×12 年度财务报表的会计分录（编制更正分录时可以使用报表项目）。

【解析】

乙公司的会计处理不正确。

理由：该项业务为 BOT 业务，建造期间乙公司应按照建造合同准则确认收入和费用。建造合同收入按照应收对价的公允价值计量，同时，确认为无形资产或金融资产。

(1)与合同相关的收入和成本。

完工百分比 = 20 000/(20 000 + 60 000) = 25％

乙公司应确认成本 = (20 000 + 60 000) × 25％ = 20 000(万元)

乙公司应确认收入 = 20 000 × (1 + 10％) = 22 000(万元)

(2)会计处理。

第一步，归集合同履约成本，题中已经进行了相应的会计处理。

第二步，确认收入并结转成本。

借：营业成本　20 000

　贷：合同履约成本　20 000

借：合同资产（合同结算——收入结转）　22 000

　贷：营业收入　22 000

第三步，合同结算。

借：无形资产　22 000

　贷：合同资产（合同结算——价款结算）　22 000

第四步，收取款项。

【服务号“老汤煲会计”提示】

“合同结算——收入结转”与“合同结算——价款结算”以净额列报，形成合同资产（本例中为 0)，再按照流动性分类为“合同资产”或者“其他非流动资产”。

41.15　亏损合同(编号:CPA—KJ—YT41—41—15)

2×17 年 12 月 31 日，甲公司有以下两份尚未履行的合同：

(1)2×17 年 2 月，甲公司与辛公司签订一份不可撤销合同，约定在 2×18 年 3 月以每箱 1.2 万元的价格向辛公司销售 1000 箱 L 产品；辛公司应预付定金 150 万元，若甲公司违约，双倍返还定金。

2×17 年 12 月 31 日，甲公司的库存中没有 L 产品及生产该产品所需原材料。因原材料价格大幅上涨，甲公司预计每箱 L 产品的生产成本为 1.38 万元。

(2)2×17 年 8 月，甲公司与壬公司签订一份 D 产品销售合同，约定在 2×18 年 2 月底以每件 0.3 万元的价格向壬公司销售 3 000 件 D 产品，违约金为合同总价款的 20%。

2×17 年 12 月 31 日，甲公司库存 D 产品 3 000 件，成本总额为 1 200 万元，按目前市场价格计算的市价总额为 1 400 万元。假定甲公司销售 D 产品不发生销售费用。

因上述合同至 2×17 年 12 月 31 日尚未完全履行，甲公司 2×17 年将收到的辛公司定金确认为预收账款，未进行其他会计处理，其会计处理如下：

借:银行存款　　150
　　贷:预收账款　　150

【要求】

判断甲公司会计处理是否正确；如不正确，简要说明理由，并编制更正有关会计差错的会计分录(有关会计差错更正按当期差错处理，不要求编制调整盈余公积的分录)。

【解析】

甲公司的会计处理不正确。

理由如下：

(1)第 1 份合同，若执行，发生损失 = (1.38 − 1.2)×1 000 = 180(万元)；若不执行，则多返还定金 = 150(万元)。所以，甲公司选择不执行合同，由于不存在标的资产，则确认预计负债和营业外支出。更正分录如下：

借:预收账款　　150
　　贷:其他应付款　　150
借:营业外支出　　150
　　贷:预计负债　　150

(2)第 2 份合同，若执行，发生损失 = 1 200 − 3 000×0.3 = 300(万元)；若不执行，则支付违约金 = 3 000×0.3×20% = 180(万元)，同时按目前市场价格销售可获利 200 万元(1 400 − 1 200)，所以不执行合同时，D 产品可获利 20 万元(200 − 180)。因此，甲公司选择违约，由于存在着标的资产，先进行减值（本题中存货没有发生减值），再确认预计负债 180 万元。更正分录如下：

借：营业外支出　　180

　贷：预计负债　　180

41.16 向员工出售住房（附服务期限）（编号：CPA－KJ－YT41－41－16）

2×11 年 12 月 20 日，甲公司与 10 名公司高级管理人员分别签订商品房销售合同。合同约定，甲公司将自行开发的 10 套房屋以每套 600 万元的优惠价格销售给 10 名高级管理人员；高级管理人员自取得房屋所有权后必须在甲公司工作 5 年，如果在工作未满 5 年的情况下离职，需根据服务期限补交款项。2×12 年 6 月 25 日，甲公司收到 10 名高级管理人员支付的款项 6 000 万元。2×12 年 6 月 30 日，甲公司与 10 名高级管理人员办理完毕上述房屋产权过户手续。上述房屋成本为每套 420 万元，市场价格为每套 800 万元。

甲公司对上述交易或事项的会计处理为：

借：银行存款　　6 000

　贷：主营业务收入　　6 000

借：主营业务成本　　4 200

　贷：开发产品　　4 200

【要求】

判断甲公司的会计处理是否正确，并说明理由；如果甲公司的会计处理不正确，编制更正甲公司 2×12 年度财务报表的会计分录（编制更正分录时可以使用报表项目）。

【解析】

甲公司的会计处理不正确。

理由：该项业务系向职工提供企业承担了补贴的住房且合同规定了获得住房职工至少应提供服务的年限的业务，应按市场价确认收入，市场价与售价的差额计入长期待摊费用，在职工提供服务年限内平均摊销。更正分录如下：

（1）按公允价值确认营业收入，公允价值与收取款项的差额作为长期待摊费用。

借：长期待摊费用　　2 000

　贷：营业收入　　2 000

（2）确认应付职工薪酬。

当年应付职工薪酬 = 2 000/5×6/12 = 200（万元）

借：管理费用　　200

　贷：应付职工薪酬　　200

（3）当年年末用长期待摊费用摊销。

借：应付职工薪酬　　200
　　贷：长期待摊费用　　200

41.17　非现金补偿的累积带薪缺勤的会计处理（编号：CPA－KJ－YT41－41－17）

甲公司共有 2 000 名员工，从 2×16 年 1 月 1 日起该公司实行累积带薪缺勤制度，规定每个职工可享受 7 个工作日的带薪休假，未用的年休假可以向后结转 1 个会计年度，超过期限作废，员工离职后不能取得现金支付。2×16 年 12 月 31 日，每位职工当年末平均未用的假期为 2 天。根据过去的经验且预期该经验继续适用，甲公司预计 2×17 年有 1 800 名员工将享受不超过 7 天的带薪休假，剩余 200 名员工每人人均享受 8.5 天的带薪休假。该 200 名员工中 150 名为销售人员，50 名为高管等管理人员。甲公司平均每名员工每个工作日的工资为 400 元，甲公司职工年休假以后进先出为基础，即带薪假期先从本年度享受的权利中扣除。

【要求】

就甲公司累积带薪缺勤，说明其应进行的会计处理，并编制相关会计分录。

【解析】

作为累积带薪缺勤处理，2×16 年年末应该根据预计 2×17 年将使用的累计带薪缺勤确认相关成本费用和负债。

累计带薪缺勤 = 200×1.5×400 = 12（万元），其中销售费用 = 9（万元），管理费用 = 3（万元）。

借：销售费用　　9
　　管理费用　　3
　　贷：应付职工薪酬——累计带薪缺勤　　12

41.18　自产产品用于职工福利（编号：CPA－KJ－YT41－41－18）

2×13 年 6 月，董事会决议将公司生产的一批 C 商品作为职工福利发放给部分员工。该批 C 商品的成本为 3 000 元/件，市场售价为 4 000 元/件。受该项福利计划影响的员工包括：中高层管理人员 200 人、企业正在进行的某研发项目相关人员 50 人，甲公司向上述员工每人发放 1 件 C 商品。研发项目已进行至后期开发阶段，甲公司预计能够形成无形资产，至 2×13 年 12 月 31 日，该研发项目仍在进行中。甲公司进行的会计处理如下：

借：管理费用　　75
　　贷：库存商品　　75

【要求】

判断甲公司会计处理是否正确，并说明理由。如不正确，编制日后期间的更正分录（使用报表列报项目)。

【解析】

甲公司的会计处理不正确。

理由:以自产产品用于职工福利,应按照产品的售价确认收入,同时确认应付职工薪酬。同时,应按照员工服务的受益对象进行分配,服务于研发项目人员相关的部分应计入所研发资产的成本。

(1)将原不正确的会计处理进行冲销,即库存商品应该转为“营业成本”。

借:营业成本(主营业务成本) 75

  贷:管理费用 75

(2)按售价确认应付职工薪酬,并确认开发支出和管理费用。

借:开发支出(研发支出——资本化支出) 20

  管理费用 80

  贷:应付职工薪酬 100

(3)将商品发放给员工,确认营业收入,并清偿对于员工的“应付职工薪酬”。

借:应付职工薪酬 100

  贷:营业收入(主营业务收入) 100

【服务号“老汤煲会计”提示】

对于研发支出,已经达到资本化条件,“开发支出”为报表列报项目,“研发支出——资本化支出”为会计科目。

41.19 为无特定对象提取的奖金(编号:CPA-KJ-YT41-41-19)

甲公司计划实施一项股权激励计划,拟从 2×14 年至 2×17 年间按照工资总额的 10%计提资金,用于在 2×18 年从二级市场购买本公司股票奖励给员工,授予的员工具有不确定性,即在 2×14 年到 2×17 年间在职的员工在 2×18 年不一定在职,2×14 年甲公司按照当年工资总额的 10%计提了 3 000 万元。2×15 年年末,甲公司计提金额并进行会计处理如下:

借:管理费用 3 600

  贷:应付职工薪酬 3 600

【要求】

根据资料,说明甲公司 2×15 年的会计处理是否正确;说明理由,并编制相关的更正分录(涉及损益的不通过“以前年度损益调整”科目核算)。假设甲公司按净利润的 10%提取法定盈余公积,不考虑所得税等因素。

【解析】

该事项的会计处理不正确。

理由:该部分金额不是针对特定员工需要对象化支付的费用,即不是当期为了获取员工服务实际发生的费用,准则规定不能予以计提。更正分录为:

借:应付职工薪酬　6 600

　贷:管理费用　3 600

　　盈余公积　300

　　未分配利润　2 700

41.20　辞退福利(编号:CPA－KJ－YT41－41－20)

为加快公司转型,实现产品升级换代,甲公司鼓励快要退休的员工提前退休,提前退休的给予每人 30 万元的补偿,该计划已经公告并获得工会同意,该计划中涉及 1 000 名员工,截至 2×14 年底有 800 人表示愿意提前退休。2×14 年底该计划还在持续进行。甲公司的会计处理如下:

借:长期待摊费用　24 000

　贷:预计负债　24 000

借:营业外支出　4 800

　贷:长期待摊费用　4 800

【要求】

判断甲公司的会计处理是否正确,并说明理由;如果甲公司的会计处理不正确,编制更正甲公司 2×14 年度财务报表的会计分录。

【解析】

该事项的会计处理不正确。

因为对于自愿接受裁减建议的辞退福利,甲公司应当根据预计将会接受裁减建议的职工数量和每一位的辞退补偿确认应付职工薪酬,并计入当期损益。更正分录如下:

(1)原有的会计处理不正确,全部进行冲销。

借:预计负债　24 000

　贷:长期待摊费用　24 000

借:长期待摊费用　4 800

　贷:营业外支出　4 800

(2)按正确的方式编制会计分录,即确认应付职工薪酬和管理费用。

借:管理费用　24 000

　贷:应付职工薪酬　24 000

41.21 与收益相关的政府补助(编号:CPA－KJ－YT41－41－21)

2×14 年 7 月 20 日,甲公司取得当地财政部门拨款 1 860 万元,用于资助甲公司 2×14 年 7 月开始进行的一项研发项目的前期研究。该研发项目预计周期为 2 年,预计将发生研究支出 3 000 万元。项目自 2×14 年 7 月开始启动,至年末累计发生研究支出 1 500 万元(全部以银行存款支付)。公司采用净额法进行会计处理。

甲公司对该交易事项的会计处理如下:

借:银行存款	1 860	
贷:递延收益		1 860
借:研发支出——费用化支出	1 500	
贷:银行存款		1 500
借:管理费用	1 500	
贷:研发支出——费用化支出		1 500
借:递延收益	930	
贷:管理费用		930

【要求】

判断甲公司对有关交易事项的会计处理是否正确,对于不正确的,说明理由并编制更正的会计分录(无须通过"以前年度损益调整"科目)。

【解析】

甲公司的会计处理正确。

理由:与收益相关的政府补助,用于弥补以后期间将发生的费用或亏损的,在收到时应当先判断企业能否满足政府补助所附条件。根据准则规定,只有满足政府补助确认条件的,先确认为递延收益,并在确认相关费用或损失的期间,计入当期损益或冲减相关成本。即按照费用比例,结转递延收益至管理费用。

如果采用总额法,将递延收益转为其他收益(按研发费用花费的进度)。

41.22 权益融资不作为借款费用(编号:CPA－KJ－YT41－41－22)

2×17 年 8 月 26 日,甲公司与其全体股东协商,由各股东按照持股比例同比例追加股本的方式解决生产线建设资金需求。8 月 30 日,股东共新增投入甲公司资金 3 200 万元,甲公司将该部分资金存入银行存款账户。9 月 1 日,生产线工程开工建设,并于当日及 12 月 1 日分别支付建造承包商工程款 600 万元和 800 万元。甲公司将尚未动用增资款项投资货币市场,月收益率为 0.4%。甲公司对该交易事项的会计处理如下:

借:银行存款　　3 200

　　贷:资本公积　　3 200

借:在建工程　　1 400

　　贷:银行存款　　1 400

借:银行存款　　38.40

　　贷:在建工程　　38.40

其中,冲减在建工程的金额 = 2 600×0.4%×3 + 1 800×0.4%×1 = 38.40(万元)。

【要求】

判断甲公司对有关交易事项的会计处理是否正确,对于不正确的,说明理由并编制更正的会计分录(无须通过"以前年度损益调整"科目)。

【解析】

甲公司的会计处理不正确。

理由:企业采用增资的方式筹集资金,此时应该是将取得的资金增加权益;另外,权益融资不属于借款费用的范畴,故权益融资的闲置资金投资收益不冲减在建工程成本。更正分录为:

(1)股东按比例增资,应该计入股本总额。

借:资本公积　　3 200

　　贷:股本　　3 200

(2)权益融资的闲置资金投资收益,不应该冲减在建工程的成本。

借:在建工程　　38.40

　　贷:财务费用　　38.40

41.23　集团内股份支付(母公司)(编号:CPA—KJ—YT41—41—23)

2×15 年 7 月 1 日,甲公司实施一项向乙公司(甲公司的子公司)20 名高管人员每人授予 20 000 份股票期权的股权激励计划。甲公司与相关高管人员签订的协议约定,每位高管人员自期权授予之日起在乙公司连续服务 4 年,即可以从甲公司购买 20 000 股乙公司股票,购买价格为每股 8 元,该股票期权授予日(2×15 年 7 月 1 日)的公允价值为 14 元/份,2×15 年 12 月 31 日的公允价值为 16 元/份,截至 2×15 年末,20 名高管人员中没有人离开乙公司,估计未来 3.5 年内将有 2 名高管人员离开乙公司。甲公司的会计处理如下:

借:管理费用　　63

　　贷:资本公积——其他资本公积　　63

【要求】

判断甲公司对相关事项的会计处理是否正确,并说明理由;如不正确,需要编制调整分录的,编制更正有关账簿记录的调整分录。

【解析】

甲公司的会计处理不正确。

理由：母公司为子公司的员工授予股份支付，母公司应确认为长期股权投资。甲公司支付的是乙公司的股票，站在甲公司的角度，属于使用其他方的股权进行股份支付，应作为现金结算的股份支付进行处理。

2×15年应确认的股份支付金额＝(20－2)×2×16×1/4×6/12＝72(万元)。更正分录如下：

(1)冲减不正确的会计分录。

借：资本公积——其他资本公积　　63

　　贷：管理费用　　63

(2)作为现金结算的股份支付，甲公司(母公司)借记“长期股权投资”，贷记“应付职工薪酬”，并且以资产负债表日的公允价值作为计量的基础。

借：长期股权投资　　72

　　贷：应付职工薪酬　　72

41.24　集团内股份支付(子公司)(编号：CPA－KJ－YT41－41－24)

2×19年5月10日，甲公司以1 200万元自市场回购本公司普通股，拟用于对员工进行股权激励。因甲公司的母公司(丁公司)于2×19年7月1日与甲公司高管签订了股权激励协议，甲公司暂未实施本公司的股权激励。根据丁公司与甲公司高管签订的股权激励协议，丁公司对甲公司20名高管每人授予100万份丁公司股票期权，授予日每份股票期权的公允价值为6元，行权条件为自授予日起，高管人员在甲公司服务满3年。至2×19年12月31日，甲公司没有高管人员离开，预计未来3年也不会有人离开。

甲公司的会计处理如下：

借：资本公积　　1 200

　　贷：银行存款　　1 200

对于丁公司授予甲公司高管人员的股票期权，甲公司未进行会计处理。

【要求】

判断甲公司对相关事项的会计处理是否正确，并说明理由；对于不正确的事项，需要编制调整分录的，编制更正有关账簿记录的调整分录。

【解析】

(1)甲公司对该事项的会计处理不正确。

理由：回购股票不应冲减资本公积，应确认库存股。调整分录如下：

借：库存股　　1 200

　　贷：资本公积　　1 200

(2)甲公司对母公司授予本公司高管股票期权处理不正确。

理由：集团内股份支付中，接受服务企业应当作为股份支付，而且其没有结算义务，子公司(甲公司)应该作为权益结算的股份支付，即以授予日的公允价值作为计量基础，当年应该确认的管理费用 = 20×100×6/3×6/12 = 2 000(万元)。其调整分录如下：

借：管理费用　　2 000

　　贷：资本公积——其他资本公积　　2 000

41.25　金融负债与权益的分类及其会计处理(编号：CPA－KJ－YT41－41－25)

2×16 年初，甲公司发行了一项面值为 5 000 万元，年利率为 8%，无固定还款期限且可自主决定是否支付利息的不可累积永续债，合同条款如下：该永续债嵌入了一项看涨期权，甲公司在发行第 5 年年末可按面值回购该永续债，如果甲公司在第 5 年年末没有回购该永续债，则之后的利率增加至 12%，此利率不超过同期同行业同类型工具平均的利率水平；该永续债利息在甲公司向其普通股股东支付股利时必须支付，并且甲公司根据相应的议事机制能够自主决定普通股股利的支付。

税法规定该业务的处理方法与会计处理方法相同。甲公司适用的所得税税率为 25%。甲公司对上述交易或事项的会计处理如下：

借：银行存款　　5 000

　　贷：应付债券——面值　　5 000

借：财务费用　　400

　　贷：应付利息　　400

【要求】

判断甲公司对相关事项的会计处理是否正确，并说明理由；对于不正确的事项，需要编制调整分录的，编制更正有关账簿记录的调整分录。

【解析】

甲公司的会计处理不正确。

理由：由于甲公司能够根据相应的议事机制自主决定普通股股利的支付，进而影响永续债利息的支付，对甲公司而言，该永续债并未形成不可避免的支付现金或其他金融资产的合同义务；尽管甲公司有可能在第 5 年年末行使其回购权，但是甲公司并没有必须回购的合同义务，“利率递升机制”并没有对甲公司形成间接义务，因此该永续债应整体被分类为权益工具。更正分录如下：

(1)将错误的分录进行抵销,即不作为财务费用,按税法规定要交纳所得税。

借:应付利息 400

　　贷:以前年度损益调整——财务费用 400

借:以前年度损益调整——所得税费用 100

　　贷:应交税费——应交所得税 100(400×25%)

(2)按权益工具进行正确的会计处理。

借:应付债券——面值 5 000

　　贷:其他权益工具 5 000

借:利润分配——未分配利润 400

　　贷:应付股利 400

41.26 其他综合收益的确认(编号:CPA-KJ-YT41-41-26)

甲公司编制的 2×19 年利润表中,其他综合收益总额为 1 100 万元。其中包括:①持有其他权益工具投资当期公允价值上升 600 万元;②因确认同一控制下企业合并产生的长期股权投资,冲减资本公积 1 000 万元;③因权益法核算确认的在被投资单位其他资本公积增加额中享有的份额 800 万元;④因对发行的可转换公司债券进行分拆确认计入资本公积 700 万元。

【要求】

判断甲公司对相关事项的会计处理是否正确,并说明理由。

【解析】

①持有其他权益工具投资当期公允价值上升计入其他综合收益,正确。

②甲公司将同一控制下企业合并产生的合并差额计入其他综合收益,不正确。

理由:该差额记入"资本公积——股本溢价",不属于其他综合收益。

③因权益法核算确认的在被投资单位其他资本公积增加额中享有的份额 800 万元计入其他综合收益,不正确。

理由:应作为"资本公积——其他资本公积",不应计入其他综合收益。

④甲公司将可转债拆分计入资本公积的部分确计入其他综合收益,不正确。

理由:可转债分拆为负债和权益(其他权益工具),不属于其他综合收益。

【服务号"老汤煲会计"提示】

根据最新的会计准则,其他综合收益和资本公积(其他资本公积)是属于不同的分类,并且分别计量。

41.27 未决诉讼(编号:CPA-KJ-YT41-41-27)

2×13 年 7 月,甲公司一未决诉讼结案。法院判定甲公司承担损失赔偿责任 3 000 万元。

该诉讼事项源于2×12年9月一竞争对手提起的对甲公司的起诉，编制2×12年财务报表期间，甲公司曾在法院的调解下，与原告方达成初步和解意向。按照该意向，甲公司需向对方赔偿1 000万元，甲公司据此在2×12年确认预计负债1 000万元。2×13年，原告方控股股东变更，新的控股股东认为原调解决定不合理，不再承认原初步和解相关事项，向法院请求继续原法律程序。因实际结案时需赔偿金额与原确认预计负债的金额差别较大，甲公司于2×13年进行了以下会计处理：

借：以前年度损益调整　　2 000
　　贷：预计负债　　2 000
借：盈余公积　　200
　　利润分配——未分配利润　　1 800
　　贷：以前年度损益调整　　2 000

【要求】

判断甲公司的会计处理是否正确，并说明理由。如不正确，编制更正分录。

【解析】

甲公司的会计处理不正确。

理由：甲公司在编制2×12年财务报表时，按照当时初步和解意向确认的1 000万元预计负债，反映了资产负债表日已经存在的情况，会计估计和会计处理正确。

后因情况变化导致法院判决结果与原预计金额存在的差额属于新发生情况，不属于会计差错，所承担损失的金额与原预计负债之间的差额应计入发生当期损益，不应追溯重述。换句话说，这是本年发生的情况，对于本年的利润有影响，而不是追溯调整以前年度的损益。即减少2×13年度的损益，而恢复2×12年度的损益（留存收益）。

借：营业外支出　　2 000
　　贷：盈余公积　　200
　　　　利润分配——未分配利润　　1 800

41.28　合并中增值税抵销（编号：CPA－KJ－YT41－41－28）

A公司是一家从事家禽饲养的企业，其增值税属于免税项目。A公司的全资子公司B公司是从事肉类屠宰加工的企业，其增值税属于应税项目。A公司将自产家禽销售给子公司B公司时，A公司全额计入销售收入。子公司B公司将采购对价的13%计提进项税，将剩余87%计入采购成本。

假设这些内部交易的自产家禽在A公司账面的内部销售成本为800万元，内部交易价格为1 000万元，A公司销售自产的家禽按规定免征增值税；B公司在购入后，按现行的增值税相关规定可以扣除13%进项税额，因此原材料的入账价值为870万元（1 000－130）。

截至本年度末，B公司尚未将购买A公司的该批原材料或者使用该批原材料加工的产品对企业集团以外实现销售。

【要求】

在合并报表层面，对于公司间内部交易未实现部分如何抵销？

【解析】

(1)税项是法定事项，在集团内部农产品转移时，进项税抵扣的权利已经成立，并不需要等到加工后的农产品对外销售时才实现，原则上不应抵销；该进项税额实质上减少了B公司加工后的农产品或者购买的原材料成本。

(2)假设交易发生在A公司与第三方之间，该采购行为产生的可抵扣进项税将减少第三方的存货成本；同理，在本例中，尽管交易发生在合并报表范围内A公司、B公司之间，但实质上减少了A公司、B公司所在集团出售给第三方的存货成本。

(3)站在合并报表层面，A公司、B公司之间的交易是合并报表范围内的内部交易，在B公司将购自A公司的原材料或者使用该原材料加工的产品对第三方出售之前，不应影响合并报表中损益。只有当B公司将原材料对外出售时，才能实现。

(4)合并报表中的调整与抵销。

①公司间内部交易抵销。

借：营业收入　　1 000

　　贷：营业成本　　1 000

②未实现部分抵销。

借：营业成本　　70

　　贷：存货　　70

③从合并报表的角度抵销进项税额的影响。

借：营业成本　　130

　　贷：递延收益　　130

【延伸】假设第二年B公司全部对外销售。

(1)调整与抵销分录为：

借：未分配利润——年初　　70

　　贷：营业成本　　70

借：未分配利润——年初　　130

　　贷：递延收益　　130

借：递延收益　　130

　　贷：营业成本　　130

（2）三个分录合成一步：

借：未分配利润——年初　　200

　　贷：营业成本　　200

附 金融资产和投资性房地产的差错更正(中英文)

甲公司的财务经理在复核 2×19 年度财务报表时,对以下交易或事项会计处理的正确性难以作出判断:

(1)为减少交易性金融资产市场价格波动对公司利润的影响,2×19 年 1 月 1 日,甲公司将所持有乙公司股票从交易性金融资产重分类为指定以公允价值计量且其变动计入其他综合收益的其他权益工具投资,并将其作为会计政策变更采用追溯调整法进行会计处理。2×19 年 1 月 1 日,甲公司所持有乙公司股票共计 300 万股,其中 200 万股系 2×18 年 1 月 5 日以每股 12 元的价格购入,支付价款 2 400 万元,另支付相关交易费用 8 万元;100 万股系 2×18 年 10 月 18 日以每股 11 元的价格购入,支付价款 1 100 万元,另支付相关交易费用 4 万元。2×18 年 12 月 31 日,乙公司股票的市场价格为每股 10.5 元。2×19 年 12 月 31 日,甲公司对持有的乙公司股票按照年末公允价值进行了后续计量,并将其公允价值变动计入了所有者权益。2×19 年 12 月 31 日,乙公司股票的市场价格为每股 10 元。

(2)为减少投资性房地产公允价值变动对公司利润的影响,从 2×19 年 1 月 1 日起,甲公司将出租厂房的后续计量由公允价值模式变更为成本模式,并将其作为会计政策变更采用追溯调整法进行会计处理。甲公司拥有的投资性房地产系一栋专门用于出租的厂房,于 2×16 年 12 月 31 日建造完成达到预定可使用状态并用于出租,成本为 8 500 万元。2×19 年度,甲公司对出租厂房按照成本模式计提了折旧,并将其计入当期损益。在投资性房地产后续计量采用成本模式的情况下,甲公司对出租厂房采用年限平均法计提折旧,出租厂房自达到预定可使用状态的次月起计提折旧,预计使用 25 年,预计净残值为零。在投资性房地产后续计量采用公允价值模式的情况下,甲公司出租厂房各年末的公允价值如下:2×16 年 12 月 31 日为 8 500 万元;2×17 年 12 月 31 日为 8 000 万元;2×18 年 12 月 31 日为 7 300 万元;2×19 年 12 月 31 日为 6 500 万元。

(3)2×19 年 1 月 1 日,甲公司按面值购入丙公司发行的分期付息、到期还本债券 35 万张,支付价款 3 500 万元。该债券每张面值 100 元,期限为 3 年,票面年利率为 6%,利息于每年末支付。甲公司将购入的丙公司债券分类为以摊余成本计量的金融资产,2×19 年 12 月 31

日,甲公司将所持有丙公司债券的50%予以出售;同时,公司管理层决定改变其业务管理模式,其意图为收取合同现金流并对外出售,并将剩余债券重分类为其他债权投资,并于当日将全部债权投资按公允价值视同处置,重分类日剩余债券的公允价值为1 850万元。次年第一天剩余债券的公允价值为1 860万元。除丙公司债券投资外,甲公司未持有其他公司的债券。甲公司按照净利润的10%计提法定盈余公积。

本题不考虑所得税及其他因素。

【要求】

(1)根据资料(1),判断甲公司2×19年1月1日将持有乙公司股票重分类并进行追溯调整的会计处理是否正确,同时说明判断依据;如果甲公司的会计处理不正确,编制更正的会计分录。

(2)根据资料(2),判断甲公司2×19年1月1日起变更投资性房地产的后续计量模式并进行追溯调整的会计处理是否正确,同时说明判断依据;如果甲公司的会计处理不正确,编制更正的会计分录。

(3)根据资料(3),判断甲公司2×19年12月31日将剩余的丙公司债券重分类是否正确,并说明判断依据;如果甲公司的会计处理不正确,编制更正的会计分录;如果甲公司的会计处理正确,编制重分类日的会计分录。

【解析】

(1)甲公司2×19年1月1日将持有乙公司股票重分类并进行追溯调整的会计处理不正确。

The accounting treatment is incorrect.

判断依据:按照会计准则的规定,对于非交易性权益工具,可以选择以公允价值计量且其变动计入当期损益,或者不可撤销地选择以公允价值计量且其变动计入其他综合收益。

Reason:As per accounting standards,the business shall choose to treat the non-trading equity investment as FVTPL or FVOCI, and shall not reclassify financial assets which are initially recognized as financial assets held for trading to any other type financial assets.

调整分录(单元:万元)

Revised entries(units:10K, Wan):

①改名字,将其他权益工具投资改为交易性金融资产。

借:交易性金融资产——成本　　3 500

　盈余公积　　1.2

　利润分配——未分配利润　　10.8

　　贷:其他权益工具投资——成本　　3512

Change the accounting name from other equity instrument investment to trading financial asset.

Dr: trading financial asset-cost 3 500

surplus reserve 1. 2

profit distribution—undistributed profit 10. 8

Cr: other equity instrument investment 3512

②冲销其他权益工具投资公允价值变动的会计处理。

成本 3 512 万元→3 150 万元→3 000 万元

借:其他权益工具投资——公允价值变动 512

贷:其他综合收益——其他权益工具投资公允价值变动 512

Offest the previous accounting treatment of other equity instrument investment.

Dr: other equity instrument investment—fair value change 512

Cr: OCI 512

③补充交易性金融资产公允价值变动的会计处理。

成本 3 500 万元→3 150 万元→3 000 万元

借:盈余公积 35

利润分配——未分配利润 315

公允价值变动损益 150

贷:交易性金融资产——公允价值变动 500

Accounting treatment of trading financial asset for its fair value change.

Dr: surplus reserve 35

profit distribution-undistributed profit 315

P/L caused by fair value change 150

Cr: trading financial asset—fair value change 500

(2)甲公司 2×19 年 1 月 1 日起变更投资性房地产的后续计量模式并进行追溯调整的会计处理不正确。

The accounting treatment is incorrect.

判断依据:按照会计准则的规定,已经采用公允价值模式计量的投资性房地产不得从公允价值模式变更为成本模式。

Reason: As per accounting standards, the measurement of investment property shouldn't be changed from fair value model to cost model.

调整分录(单元:万元):

Revised entries(units: 10K, Wan):

①冲销投资性房地产的折旧。

每年折旧金额＝8 500/25＝340(万元)

借:投资性房地产累计折旧　　1 020

　贷:其他业务成本　　340

　　盈余公积　　68

　　利润分配——未分配利润　　612

Offset the depreciation of investment property for past years and current year.

Dr: accumulated depreciation for investment property　　1 020

　Cr: surplus reserve　　68

　　profit distribution—undistributed profit　　612

　　other business cost　　340

②补记投资性房地产的公允价值变动。

公允价值变动:8 500 万元→7 300 万元→6 500 万元

借:盈余公积　　120

　利润分配——未分配利润　　1 080

　公允价值变动损益　　800

　贷:投资性房地产——公允价值变动　　2 000

Accounting treatment of fair value change of investment property.

Dr: surplus reserve　　120

　profit distribution—undistributed profit　　1080

　P/L caused by Fair value change　　800

　Cr: investment property—fair value change　　2 000

(3)甲公司 2×19 年 12 月 31 日将剩余的丙公司债券重分类为其他债权投资的会计处理不完全正确。

The accounting treatment is Not totally correct.

判断依据:按照会计准则规定,企业改变其业务管理模式,可以将以摊余成本计量的金融资产重分类为以公允价值计量且其变动计入其他综合收益的金融资产,即从“债权投资”重分类为“其他债权投资”,但是重分类日为业务模式发生变更后的首个报告期间的第一天。

Reasons: As per accounting standards, the business can reclassify the Amortized cost financial asset into FVOCI financial asset when it changes its business model from collection of the contractual cash flow to both collection of cash flow and sale of the asset. However, only in the first day of the next accounting period can the business remeasure the financial asset at the fair value of that day.

调整分录(单元:万元):

Revised entries(units：10K，Wan)：

借：债权投资 1 750

其他综合收益 100

贷：其他债权投资——成本 1 750

——公允价值变动 100

Revised entries：

Dr：debt Investment 1 750

other Comprehensive Income 100

Cr：Other debt investment—cost 1 750

—Changes in fair value 100